Dra. SANDRA CABOT

Sofrer não é viver

Como superar a ansiedade,
a depressão e o estresse

EDITORA
FUNDAMENTO

2014, Editora Fundamento Educacional Ltda.

Editor e edição de texto: Editora Fundamento
Editoração eletrônica: Lílian Ávila
CTP e impressão: Benvenho e Cia. Ltda.
Tradução: CINE – Consultoria e informações empresariais Ltda. (Ana Beatriz Rodrigues)
Revisão Técnica: Marco Fábio Prata Lima
Arte da capa: Zuleika Iamashita

Publicado originalmente em 2009 por WHAS Pty Ltd.
www.liverdoctor.com

Dados Internacionais de Catalogação na Publicação (CIP)
(Câmara Brasileira do Livro, SP, Brasil)

Cabot, Sandra
Sofrer não é viver: como superar a ansiedade, a depressão e o estresse / Sandra Cabot ; [versão brasileira da editora]. – 1. ed. – São Paulo, SP : Editora Fundamento Educacional, 2014.

Título original: Help for Depression and Anxiety.

1. Ansiedade 2. Autoajuda 3. Depressão mental
I. Título.

11-08912 CDD-158.1

Índice para catálogo sistemático:
1. Ansiedade : Autoajuda : Psicologia aplicada 158.1
2. Depressão : Autoajuda : Psicologia aplicada 158.1

Fundação Biblioteca Nacional

Impresso no Brasil
Telefone: (41) 3015 9700
E-mail: info@editorafundamento.com.br
Site: www.editorafundamento.com.br

Este livro foi impresso em papel pólen soft 80 g/m² e a capa em papel-cartão 250 g/m².

Dra. SANDRA CABOT

Sofrer não é viver

Como superar a ansiedade,
a depressão e o estresse

Sumário

Introdução

Depressão: ajuda e recuperação

Incidência da depressão

Recentemente, os jornais vêm citando a depressão como "o mais comum dos males previstos para o século 21". Entretanto, ainda não conhecemos inteiramente os mecanismos de desenvolvimento da depressão e, infelizmente, o estigma a ela associado é onipresente. Isso porque a doença depressiva muitas vezes manifesta-se sob variados disfarces, além de ser depreciada como tal; ainda assim, a depressão pode causar enorme devastação na qualidade da saúde física e mental de uma pessoa.

Quando não diagnosticada, a depressão ocasiona enormes danos à vida daqueles que apresentam o problema. Seu custo chega a 5 bilhões de dólares ao ano. Tais prejuízos decorrem da baixa produtividade, faltas ao trabalho, acidentes graves, separações e suicídio. Talvez o maior custo da depressão manifeste-se sob a forma de tempo perdido, pois, para o deprimido, os dias passam sem sentido ou prazer.

Todo ano, quase 60 mil australianos tentam o suicídio. A Organização Mundial da Saúde prevê que, até o ano 2020, cinco de cada dez maiores problemas de saúde ao redor do mundo estarão relacionados ao estresse.

Muitas pessoas que sofrem de depressão não buscam ajuda adequada, sofrendo desnecessariamente. Foram utilizados vários termos para descrever a depressão: sofrimento profundo, tristeza, melancolia. Hoje, os psiquiatras a chamam de depressão clínica.

A necessidade de uma abordagem holística

Para obter resultados adequados e duradouros na superação de uma doença de fundo emocional (que incluem depressão e ansiedade), precisamos abordar todos os possíveis fatores causais. Essa pode ser uma tarefa difícil, pois existe uma escassez de médicos e psiquiatras na Austrália, e os problemas emocionais muitas vezes estão associados a problemas financeiros, por isso as pessoas tentam seguir em frente e superar a doença sozinhas. Muitas se sentem desanimadas ou envergonhadas diante do problema e acabam desistindo de buscar ajuda, em especial quando os problemas emocionais recorrem.

As piores coisas que você pode fazer são não buscar ajuda e se automedicar, recorrendo ao álcool e a outras drogas. Se fizer isso, sua condição só vai piorar ao longo do tempo.

A abordagem holística ao sofrimento e desequilíbrio emocional inclui estas questões.

- Acompanhamento com um bom médico, psicólogo ou terapeuta – seu clínico geral poderá lhe indicar um bom profissional.
- Deficiências nutricionais e a necessidade de suplementos.
- Alimentação e estilo de vida inadequados.
- Técnicas de relaxamento.
- Grupos de apoio.
- Causas hormonais de sofrimento emocional e fadiga mental.
- Fatores genéticos que causam depressão e ansiedade.
- Necessidade de recorrer a medicamentos, vendidos com prescrição médica, que sejam adequados a cada indivíduo.

O tratamento holístico significa que a recuperação duradoura da doença emocional está ao alcance de todos.

Aqui estão alguns pontos importantes a considerar.

- O tratamento da depressão não precisa ser caro; na verdade, é bom ter cuidado com tratamentos com preços exorbitantes, pois o alto custo pode inviabilizá-lo no longo prazo.
- Cuidado com as abordagens fanáticas ao tratamento de doenças de fundo emocional. Por exemplo, algumas religiões e programas (muitos deles encontrados na internet) se opõem radicalmente ao uso de antidepressivos ou a qualquer espécie de fármaco que possa ser receitado para o tratamento de doenças emocionais e/ou mentais. O fanatismo cega os defensores dessa abordagem negativa às drogas usadas atualmente e à indústria farmacêutica responsável por sua produção. Essas pessoas sequer possuem conhecimentos profissionais ou experiência clínica para fundamentar seus conceitos.

Neste livro, pretendo oferecer ajuda prática e compreensão quanto ao uso de antidepressivos vendidos com receita médica, hormônios naturais e suplementos alimentares naturais capazes de fortalecer o sistema emocional e até o cérebro como um todo. Acredito que, de um modo geral, as pessoas não estejam cientes do uso de medicamentos antidepressivos, muitas vezes interpretados equivocadamente. Muitos médicos infelizmente desconhecem o uso de hormônios naturais, como a progesterona, que podem ser um maravilhoso regulador das emoções nas mulheres.

Neste livro, apresento uma lista de alimentos que estimulam o cérebro, a fim de otimizar a integridade física e funcional do seu cérebro.

Somente abordando todos esses fatores é que poderemos alcançar o melhor resultado possível para todos os que apresentam alguma forma de sofrimento emocional.

Também apresento uma abordagem holística para superar o sofrimento emocional. Além disso, há também um plano que você pode seguir para lidar com todos os fatores que possam estar sobrecarregando seu sistema nervoso.

Capítulo 1

Por que nos tornamos vulneráveis à depressão?

Causas da doença de fundo emocional

1. Fatores genéticos podem aumentar nossa propensão à doença emocional, por isso é importante analisar sua história familiar. Os pesquisadores descobriram características físicas específicas em nossos genes que nos tornam propensos à depressão, ao transtorno obsessivo-compulsivo e à ansiedade, características essas que se manifestam desde cedo na vida. Conhecer seus pontos fracos genéticos pode ajudá-lo a se preparar melhor para as pressões do dia a dia e a organizar sua vida de maneira a evitar o acúmulo intolerável de pressões. Pesquisadores australianos afirmam que mais de um quinto da população tem predisposição genética à depressão maior desencadeada por uma cadeia de eventos estressantes da vida. O estudo, publicado no *British Journal of Psychiatry*, revelou a importância fundamental de um gene que controla o neurotransmissor serotonina. Os pesquisadores descobriram que as pessoas com uma versão curta do gene transportador da serotonina têm 80% de chance de desenvolver depressão clínica, se vivenciarem três ou mais eventos negativos na vida no período de um ano. Por outro lado, em circunstâncias semelhantes, pessoas com uma versão longa e mais protetora do gene têm um risco de 30% de apresentar depressão.

2. Os tipos de personalidade são importantes. Alguns estudos indicam que pessoas pessimistas, com baixa autoestima e pouca noção de controle, e propensas a preocupações excessivas têm mais probabilidade

de sofrer de depressão. Alguns psicólogos argumentaram que as mulheres foram criadas para ser assim, por isso a depressão as afeta mais do que os homens. Argumentam que as mulheres geralmente são mais passivas e dependentes e menos capazes de expressar raiva porque foram criadas para acreditar que a raiva é uma emoção inaceitável. Entretanto, a raiva reprimida muitas vezes provoca depressão.

3. O passado e o presente têm enorme influência sobre o estado emocional do indivíduo. Crianças que sofreram abuso sexual na infância têm maior propensão a apresentar depressão na idade adulta. Os psicólogos descobriram que a exposição ao abuso pode levar à maior incidência de depressão devido aos sentimentos de culpa, à baixa autoestima, ao desamparo e ao isolamento social. A pobreza causa sentimentos de incerteza, isolamento e acesso a recursos que, por sua vez, podem gerar tristeza.

4. A perda ou a incapacidade de realizar uma conquista de algo na vida que seja importante para a autoestima. Pode ser o rompimento de um relacionamento, um emprego com bom salário, a perda de *status*, perdas financeiras, a perda da saúde, da juventude, da virilidade. Essas perdas podem deixar um enorme vazio no ego difícil de ser preenchido apenas com sentimentos positivos. As perdas, não raro, levam ao estresse que, por sua vez, levam à ansiedade. Depois de várias semanas ou meses, a depressão se instala.

5. A sensação de não controlar o próprio destino pode provocar estresse e frustração. Há uma tendência geral, no mundo inteiro, à predominância das grandes organizações e corporações; muitas vezes, os funcionários são gerenciados remotamente. As decisões cabem a diretores, a altos executivos e a acionistas, e as empresas não avaliam o enorme impacto emocional e financeiro da depressão em seus funcionários. As enormes pressões vigentes no local de trabalho podem ser muito energizantes quando ocorrem em uma atmosfera de moral alto. Perdemos o toque pessoal em um mundo corporativo que valoriza apenas os resultados financeiros.

6. Desequilíbrios hormonais podem causar depressão e ansiedade. Os mais comuns são a falta de progesterona nas mulheres e a falta de testosterona nos homens. A depressão no período pré-menstrual muitas vezes pode ser aliviada com uma combinação de creme de progesterona natural e suplementos nutricionais. A depressão durante a perimenopausa em geral melhora muito com o ajuste hormonal do organismo por meio de uma combinação de hormônios bioidênticos, como progesterona, DHEA (dehidroepiandrosterona) e testosterona naturais. Para saber mais, consulte meu livro, *HTR – The Real Truth – Balance your Hormones and swing form the chandeliers!* A depressão pós-parto ou após um aborto é uma doença grave e relativamente comum que, sem tratamento adequado, pode se arrastar durante anos. A depressão pós-parto tem excelente e rápido prognóstico com o uso de antidepressivos, suplementos nutricionais e creme de progesterona natural.

7. O estilo de vida e a alimentação desempenham um papel importante, e a incidência de depressão entre as pessoas que abusam de drogas e/ou álcool é mais alta. O álcool, muitas drogas recreativas e alguns medicamentos vendidos com receita médica podem levar à depressão. As pessoas sedentárias e com hábitos alimentares inadequados têm maior tendência a sofrer de transtornos do humor.

8. Deficiências nutricionais de ácidos graxos essenciais ômega-3, vitamina D, antioxidantes, minerais e alguns aminoácidos podem levar a desequilíbrios químicos no cérebro que, por sua vez, podem provocar doenças de fundo emocional e declínio cognitivo. Deficiências de ácido fólico e vitamina B6 podem predispor o indivíduo à depressão e impedir que ele responda à medicação antidepressiva.

9. Inflamação pode promover depressão. A inflamação ocorre quando as células do sistema imunológico (ou as células adiposas) produzem substâncias químicas conhecidas como citocinas. A inflamação é uma reação a uma infecção, alergia, doença autoimune, dor crônica, obesidade, diabetes e diversos outros fatores. As citocinas produzidas impedem a ação da serotonina. Portanto, todas as condições enumeradas aumentam o risco de desenvolvimento da depressão. A inflamação também pode ser responsável pela não reação de um indivíduo à medicação antidepressiva.

Qualquer que seja a causa da depressão, a verdade é que os fatores mais estressantes da vida muitas vezes estão em nossa mente. É na mente que percebemos as ameaças e o vazio. O maior campo de batalha da vida está em nossa própria mente; felizmente, quando não conseguimos mais lutar pela vitória, temos como recorrer à moderna psiquiatria e à medicina holística. Para mim, a definição de medicina holística é a cura que ajuda a mente, o corpo e o espírito.

Por que a depressão deve ser tratada desde cedo?

Muitos são os motivos pelos quais a depressão deve ser tratada. Atualmente, é possível tratar a depressão com sucesso; é triste ver uma pessoa sofrer sem necessidade, especialmente por muito tempo.

Alguns estudos publicados na edição de outubro de 2008 do periódico *The Archives of General Psychiatry* revelaram que a *depressão maior* crônica pode provocar perda da massa cinzenta em importantes partes do cérebro. Esse é um dos principais motivos pelo qual o tratamento da depressão não deve ser adiado, pois as alterações adversas na estrutura física do cérebro causadas pela depressão não tratada podem agravá-la, tornando-a assim uma doença que se autoperpetua. Pesquisadores da Universidade de Munique, na Alemanha, submeteram 38 pacientes internados com *depressão maior* a exames de ressonância magnética do cérebro, comparando os resultados aos exames de ressonância magnética realizados em pacientes saudáveis de um grupo controle, num intervalo de três anos. Durante um período de três anos, os pesquisadores descobriram que a massa cinzenta havia encolhido em importantes áreas do cérebro relacionadas ao intelecto, à personalidade, à capacidade de julgamento, às emoções e à memória nos 38 indivíduos deprimidos. Por outro lado, isso não ocorreu de forma significativa nos pacientes saudáveis e não deprimidos que faziam parte do grupo controle.

Os pesquisadores concluíram que, durante os episódios depressivos, a densidade da massa cinzenta cerebral diminui nas áreas emocional e intelectual do cérebro – ou seja, na região límbica e no córtex frontal. Quanto mais grave era a depressão, mais acentuadas se tornaram as alterações físicas no cérebro. Os pesquisadores não souberam dizer ao certo por que a depressão causou a deterioração física dessas importantes áreas do cérebro.

Tais descobertas ainda precisam ser comprovadas por outras pesquisas e devem nos estimular a formular hipóteses. Tenho certeza de que muitas dessas alterações físicas adversas no cérebro poderiam ser prevenidas não apenas com o tratamento precoce da doença depressiva, mas também com a adoção de uma abordagem holística do tratamento, o que é igualmente importante. O cérebro é um "órgão plástico", e suas estruturas físicas podem melhorar com o uso de suplementos nutricionais e alimentares adequados, ou a utilização de medicamentos antidepressivos, se necessário. Terapias cognitivas e o estímulo ao aprendizado e à comunicação também podem possibilitar o crescimento do tecido cerebral e a formação de novas vias ou circuitos neuronais. O cérebro é como um músculo – se não for usado, atrofia.

Capítulo 2

Como saber se você tem uma doença de fundo emocional?

Sintomas da depressão

Os sintomas da depressão podem variar muito de um indivíduo para outro, e a depressão muitas vezes existe há anos sem que o correto diagnóstico e tratamento sejam feitos. Isso ocorre porque a depressão pode se mimetizar em diversas doenças.

Alguns dos sintomas da depressão são estes.

- Alterações do humor, caracterizada por depressão e infelicidade, esmagadora sensação de tristeza, ruína pessoal e abatimento.
- Irritabilidade e mau-humor.
- Perda de interesse.
- Perda do prazer nas atividades cotidianas e *hobbies*.
- Perda de motivação.
- Distanciamento dos amigos e das atividades sociais.
- Aumento no uso de drogas, álcool ou cigarro.
- Alterações no apetite que levam ao ganho ou à perda de peso.
- Problemas intestinais, como síndrome do intestino irritável.
- Alterações nos padrões de sono, em geral associadas a acordar pela manhã bem cedo e não mais conseguir voltar a dormir.
- Agitação mental e/ou física.
- Letargia mental e/ou física.
- Dificuldade de concentração e memória.
- Pensamentos suicidas ou de autoflagelo.
- Sensação de pessimismo ou impotência.

- Perda do interesse no sexo e/ou impotência.
- Aumento da fadiga.
- Sentimentos inadequados de culpa ou obrigação.
- Sensação inadequada de inutilidade.
- Baixa autoestima.
- Perda da autoconfiança.
- Perda de resiliência emocional.
- Sensação de entorpecimento emocional.
- Seriedade excessiva.
- Preocupação excessiva com a saúde física, dinheiro ou o futuro.
- Dificuldade na tomada de decisões.
- Perda da confiança.
- Redução da capacidade em assumir riscos normais e/ou naturais.
- Pensamentos recorrentes sobre o passado (ruminação).
- Ressentimento excessivo.
- Autocrítica incomum.
- Aumento da dor de cabeça.
- Aumento das dores musculares e ósseas em geral (fibromialgia).
- Sensação de peso no peito (pode ser comparada a um "coração pesado").
- Sensação de peso nos ombros.
- Aumento dos bocejos.

Sintomas da ansiedade

- Falta de ar.
- Tremores musculares isolados ou no corpo todo.
- Dores ou câimbras musculares devido à tensão muscular contínua.
- Sensação de peso nos membros.
- Batimentos cardíacos acelerados.
- Palpitações.
- Aumento da pressão arterial.

- Aumento da transpiração.
- Tonteira.
- Sensação de "cabeça oca".
- Sensação de irrealidade e perda de definição de si próprio - os pacientes muitas vezes dizem coisas como "estou estranho, não sou eu mesmo, é como seu eu estivesse vivendo um pesadelo".
- Redução da capacidade de assumir riscos normais e/ou naturais.
- Aumento no uso de drogas, álcool ou cigarro.
- Problemas intestinais, como síndrome do intestino irritável.
- Indigestão e/ou refluxo.
- Alterações nos padrões de sono, em geral associadas à dificuldade de pegar no sono ou sono interrompido.
- Ataques de pânico que produzem uma sensação de perda total de controle ou sensação de desastre iminente.
- Agitação mental e/ou física.
- Ansiedade e tensão.
- Sensação de peso nos ombros.
- Medo de lugares como: claustrofobia (medo de espaços confinados) ou agorafobia (medo de sair de casa ou de um lugar seguro).
- Asma.
- Dor de cabeça.
- Diminuição da libido ou impotência.

A ansiedade pode ser provocada ou agravada por estes fatores.

- Hipoglicemia.
- Hipertireoidismo (tireoide excessivamente ativa) ou hipotireoidismo (tireoide pouco ativa).
- Desequilíbrios hormonais, como os que ocorrem durante o climatério ou a TPM.
- Deficiências nutricionais – particularmente de magnésio, colina e vitaminas B1, B3 e B5.
- Consumo excessivo de estimulantes, como açúcar, cafeína ou nicotina.
- Consumo de adoçantes artificiais, particularmente aspartame (aditivo alimentar 951).
- Consumo excessivo de álcool.
- Estilo de vida sedentário, com pouquíssimo exercício.

Você verá que a depressão e a ansiedade têm muitos sintomas em comum; de fato, as duas doenças muitas vezes se sobrepõem. No caso da depressão, os sentimentos de tristeza e impotência predominam; no caso da ansiedade, predominam os sentimentos de perda do controle e pânico. Na maior parte dos casos de ansiedade prolongada, a depressão, em algum grau, acaba se instalando. Os terríveis sintomas físicos da ansiedade podem tornar o paciente muito mais ansioso; por isso, ocorre um efeito do tipo bola de neve (em cascata), com sintomas cada vez mais intensos que geram mais ansiedade que, por sua vez, agravam os sintomas. Por exemplo, pode ser extremamente assustador e prejudicial sentir o coração disparar, pressão no peito e respiração ofegante – é como você se sentisse prestes a ter um ataque cardíaco ou morrer. A realidade de tal crise de ansiedade é que o problema não é cardíaco nem pulmonar; ao contrário, decorre de um desequilíbrio causado pela adrenalina, produzida em excesso. Assim que o organismo decompõe a adrenalina, você volta ao normal – que alívio!

Os pacientes ansiosos têm diferentes sintomas e, por isso, podem passar por diversos especialistas – como um cardiologista, um pneumologista, um gastroenterologista ou um neurologista, e, mesmo assim, depois da realização de exames, os médicos não conseguirão encontrar uma causa física para seus terríveis sintomas. Os sintomas podem ser tratados com antiácidos, ansiolíticos, relaxantes musculares, analgésicos, antiespasmódicos etc.; no entanto, se a causa, ou seja, se a ansiedade não for tratada, podem surgir sintomas novos ou antigos sintomas podem ressurgir. São condições de saúde mental e física que ninguém gostaria de ter para o resto da vida. Felizmente, por meio da compreensão e da causa dos sintomas, ou seja, da ansiedade, não temos que levar uma vida de sofrimento.

Depressão psicótica

A depressão psicótica caracteriza-se por delírios de vários tipos e é mais comum em idosos e desnutridos. Pode haver delírios de pobreza ou culpa, o que faz com que as pessoas vivam em situações de privação e isolamento. A pessoa pode acreditar que o corpo foi invadido por espíritos malignos ou que partes do corpo apodreceram. Esses pacientes normalmente recusam tratamento, pois estão confusos e desconfiam de todos. Exigem hospitalização e tratamento especializado, que pode lhes salvar a vida.

Transtornos obsessivo-compulsivos associados à depressão

Algumas formas de depressão podem estar associadas a pensamentos obsessivo-compulsivos, como verificar uma coisa várias vezes, contar as coisas, lavar repetidamente as mãos ou ter pensamentos obsessivos de germes e sujeira. A pessoa pode acreditar-se vulnerável a doenças ou espíritos malignos e, às vezes, precisa seguir rituais repetitivos para afastar esses perigos. Tais medos e ansiedades podem tornar-se crônicos e causar o desperdício de tempo, distração, depressão e incapacidade viver adequadamente.

A anorexia nervosa é um tipo de depressão obsessivo-compulsiva no qual o paciente desenvolve um medo mórbido de engordar. O paciente fica obcecado em não comer, e assim perder toda a gordura corporal. Sua percepção é distorcida; eles veem a si próprios como feios e gordos, quando na realidade estão penosamente magros.

Os transtornos obsessivo-compulsivos associados à depressão em geral respondem extremamente bem aos antidepressivos e à terapia cognitivo-comportamental. Caso os delírios persistam, talvez seja necessário recorrer a outros tipos de medicação, além dos antidepressivos.

Transtorno afetivo bipolar (depressão maníaca)

Cerca de 1 em cada 20 pessoas sofre de transtorno afetivo bipolar. Uma pessoa que manifeste um primeiro episódio de depressão tem 20% de chance de progredir para o transtorno bipolar. Nesse tipo de doença, o paciente alterna episódios de depressão com períodos de comportamento maníaco. Durante o episódio maníaco, o paciente torna-se hiperativo e perde a capacidade de pensar racionalmente. Durante os períodos de mania, o paciente normalmente sente-se muito bem, com altos níveis de energia, humor elevado e delírios de grandeza. Pode gastar descontroladamente e acreditar ter poderes sobre-humanos. O aumento da energia física e mental muitas vezes os impede de dormir por dias. Podem se achar capazes de grandes feitos e, por isso, colocar-se em situações de risco.

Em suma, entre os sinais da mania normalmente incluem-se estes.

- Pensamentos acelerados e fala muito rápida.
- Falta de concentração.
- Agitação física e mental.

- Participação em atividades de alto risco, como abuso de álcool e drogas, negócios arriscados, relações sexuais, jogo, descontrole nas compras.
- Aumento da libido.
- Insônia ou perda da necessidade de dormir.
- Elevados níveis de energia.
- Excesso de autoestima e confiança.
- Socialização excessiva: constantes conversas telefônicas durante a madrugada, festas "de arromba", visitas inconvenientes a parentes e amigos, e explosões de criatividade.

Quando esses sintomas desparecem, o episódio maníaco é substituído por depressão profunda.

É importante diferenciar a depressão simples do transtorno bipolar porque, se a fase depressiva do transtorno bipolar for tratada apenas com medicação antidepressiva, é provável que a depressão bipolar se transforme em mania ou em ciclos de humor que se alternam rapidamente, da depressão à mania. Os antidepressivos, isoladamente, não devem ser usados no tratamento do transtorno bipolar.

Há um risco de suicídio bastante alto no transtorno bipolar, em especial durante a fase depressiva, de difícil tratamento, e por esse motivo é essencial que o paciente esteja assistido por um psiquiatra. A terapia eletroconvulsiva pode ser necessária, sendo muito eficaz para a depressão grave no transtorno depressivo; muitas vezes, pode impedir o suicídio.

A depressão maníaca parece ser geneticamente determinada e pode se manifestar em função do uso excessivo de álcool ou drogas recreativas. Trata-se de uma doença mais grave do que a depressão comum e simples, sendo necessário recorrer a drogas diferentes, como estabilizadores do humor, para controlar os sintomas. Entre os estabilizadores do humor estão lítio, olanzapina, quetiapina e lamotrigina. Pode ser necessário adicionar um anticonvulsivante (como ácido valproico) a um desses estabilizadores do humor. A combinação de lítio com ácido valproico, em geral, é bem tolerada pelos pacientes.

Quando os estabilizadores do humor, isoladamente, não são eficazes para aliviar a depressão, em geral os médicos acrescentam um antidepressivo da classe dos ISRSs (inibidores seletivos da recaptação de serotonina) ao regime de medicação do paciente. A lamotrigina pode funcionar bem como antidepressivo e estabilizador do humor e, em geral, é bem tolerada pelo paciente. A lamotrigina é um pouco cara e pode causar uma severa reação imune conhecida como "Síndrome de Stevens-Johnson". Na maior parte do tempo, a droga mais antiga e comprovada, lítio, é a que melhor funciona para o controle do transtorno bipolar no longo prazo.

As pessoas que sofrem de depressão maníaca devem evitar álcool e drogas e, em geral, precisam manter a medicação em longo prazo. A psicoterapia também é essencial.

As terapias naturais discutidas no livro ajudam os bipolares a se manterem mental e fisicamente mais saudáveis e podem impedir a recaída ou reduzir sua gravidade.

Risco de suicídio

A presença de pensamentos ou planos suicidas deve ser investigada e levada muito a sério. Não há indícios de que a menção de pensamentos suicidas em um paciente deprimido seja perigoso – em outras palavras, não se provou que esse fato aumente o risco de suicídio. Na verdade, muitos pacientes deprimidos têm esses pensamentos e, em geral, ficam aliviados por poder conversar sobre pensamentos suicidas de maneira aberta, pois talvez se sintam culpados demais para tocar no assunto.

Os fatores a seguir aumentam o risco de suicídio.

- Sexo masculino.
- Idade avançada.

- Adolescência.
- Desemprego.
- Isolamento: divórcio, separação ou isolamento social.
- Doença ou dor crônica.
- Abuso de álcool ou de drogas.
- Acesso a armas de fogo.
- História de tentativa de suicídio.
- Elaboração de planos de suicídio.
- Elaboração de planos finais: organizar um testamento, despedir-se das pessoas.

Pode ser difícil tocar no assunto suicídio com um paciente deprimido; por isso, apresento a seguir algumas sugestões de perguntas estratégicas que você poderia fazer.

- Você já teve vontade de dormir e nunca mais acordar?
- As coisas estão tão ruins que você acha que não vale a pena continuar a viver?
- Acredita que sua família ficaria melhor sem você?
- Já pensou em se machucar ou em tentar dar um fim à vida?
- Já fez planos para acabar com a própria vida?

Autoestima

Considero o assunto da autoestima fascinante, pois afeta nosso potencial na vida de maneira muito profunda. A autoestima baseia-se no modo como nos vemos, e o valor que atribuímos a nós mesmos e à realidade pode ser bastante frágil. Descobri que a autoestima de muitas pessoas maravilhosas que conheço pode ser muito baixa, embora isso nem sempre seja óbvio.

No moderno mundo em que vivemos, muitas pessoas foram criadas para fundamentar sua autoestima em coisas materiais, como estas.

- O grau de sucesso na sua carreira.
- Sua riqueza material.
- O prestígio do seu trabalho.
- Sua aparência física.
- Seu peso corporal.
- Se você tem emprego fixo e um bom salário.
- Quantas aplicações financeiras você tem.
- Se você é jovem.
- Como a sociedade e o seu círculo de amigos o veem.

A autoestima, muitas vezes, é incorretamente medida em relação aos estereótipos da sociedade moderna. Por exemplo, o padrão de mulher bonita retratado na mídia é o de uma mulher incrivelmente magra, perfeita e muito bem vestida, com roupas da moda. Isso oferece a muitas jovens um padrão impossível a ser almejado para se sentirem atraentes e desejadas. Não é surpresa que a incidência de transtornos alimentares entre as jovens seja tão alta. O transtorno no qual a pessoa odeia o próprio corpo e/ou aparência física se chama *dismorfofobia*, e o desejo de mudar a própria aparência torna-se uma obsessão pouco saudável. Essas pessoas, muitas vezes, submetem-se a inúmeras cirurgias plásticas, com resultados insatisfatórios. A mídia poderia fazer muito para ajudar a recuperar o estereótipo de beleza e sucesso usando atores e modelos de formas, tamanhos e idades diferentes, uma vez que nossa sociedade atribui grande valor à idade e não valoriza o suficiente a experiência e a habilidade dos idosos.

Paradoxalmente, os problemas de autoestima são mais comuns em jovens do que em pessoas no auge mental e físico de suas vidas. Tais jovens, muitas vezes, voltam-se para o álcool e para as drogas com o objetivo de superar sua baixa autoestima e apresentar seu lado corajoso ao mundo. A incidência de suicídio entre adolescentes é altíssima, e o fato de esses jovens se sentirem inúteis e deslocados é algo no qual precisamos trabalhar, seja no seio familiar, nas escolas e na comunidade. Muitos problemas originam-se na infância, quando nossa autoimagem e valor pessoal são moldados. Pais e professores precisam ser mais sensíveis em relação aos seus filhos e alunos, para que os problemas de autoestima sejam identificados precocemente, antes de enraizarem. Muitas crianças precisam de reforço positivo e *feedback* contínuos, estimulando sua expressão e suas preocupações. Uma criança que desenvolve problemas de comportamento ou sintomas físicos inexplicáveis, como distúrbios de sono, dor abdominal, hábito de puxar o próprio cabelo, tiques nervosos e faciais etc., em geral está manifestando sinais ocultos de ansiedade, depressão ou deficiências de magnésio, vitaminas B ou ácidos graxos, ômega-3. As crianças precisam ouvir coisas positivas a respeito de si, possibilitando assim que sua personalidade e traços singulares sejam estimulados. Lares desfeitos, abandono e abuso sexual são situações nas quais a autoestima pode ficar comprometida se não lhe for dada a devida atenção e se não houver intervenção precoce.

É interessante observar que, na minha percepção, em geral, são as pessoas mais agradáveis que sofrem de baixa autoestima. Isso pode estar associado à depressão, à ansiedade e aos sentimentos de culpa e obrigação excessiva. Elas podem acreditar, equivocadamente, que são responsáveis pelos problemas de outras pessoas na família ou no círculo de amizade. Por outro lado, muitos psicopatas ou assassinos em massa, como Hitler, Stalin e Pol Pot tinham egos enormes e nunca sentiram culpa do sofrimento que causaram.

A verdadeira autoestima baseia-se não em como você acredita que os outros o veem; baseia-se, sim, no valor que você atribui a si mesmo como ser humano. Aprendi isso ao me tornar uma autora de sucesso. Fiquei surpresa - chocada até - com as críticas que recebi de vários de meus colegas sobre os assuntos dos meus primeiros livros. Inicialmente, fiquei intimidada com isso e me questionei sobre o que havia de errado com os meus livros. Eu acreditava que estava tentando ajudar as pessoas com o conhecimento que havia adquirido pelo excelente treinamento e extensas pesquisas nas áreas de saúde de minha escolha. Algumas das críticas que me foram feitas beiraram a difamação, uma tentativa de prejudicar minha credibilidade, tanto que eu disse a mim mesma que talvez devesse parar de escrever e de promover minhas teorias holísticas a respeito da saúde. No entanto, meus leitores pensavam de outra maneira – eles gostaram dos meus livros, e eu recebi milhares de cartas e *e-mails* de congratulações, agradecimentos e pedidos de ajuda. Assim, persisti e, na realidade, acredito que não teria conseguido parar, pois escrevo desde criança. Acabei escrevendo um livro famoso chamado *The Liver Cleansing Diet,* que vendeu mais de dois milhões de exemplares no mundo inteiro e foi traduzido para seis idiomas. Uma crítica em especial direcionada a esse livro me aborreceu de verdade e tentou até caçar meu registro médico! Isso foi assustador e me aborreceu profundamente; de início, eu não sabia como lidar com isso. Mas persisti, pois tinha autoestima suficiente para acreditar e confiar em mim. Eu sabia que minhas pesquisas e minha experiência clínica eram valiosas e que meus leitores apreciavam minha ajuda.

Essas experiências me ensinaram várias coisas – uma delas era que você pode e deve acreditar em si, mesmo quando os outros não acreditam; a outra foi o poder da psicologia reversa. Quanto mais críticas negativas meu livro *Liver Cleansing Diet* recebia, mais conhecido ele se tornava – tornou-se controvertido e, assim, mais interessante ao público em geral. Assim, o livro vendeu cada vez mais e conquistou o People's Choice Award do mais popular livro de não ficção de 1997. Eu não poderia ter contratado um agente de Relações Públicas melhor do que o meu detrator, cujos esforços me levaram ao horário nobre na televisão e à rádio, e também aos principais jornais.

A vida opera sua mágica se você conseguir se livrar do medo e viver a sua vida como uma exclamação, e não como uma explicação.

Capítulo 3

Química cerebral, a química da felicidade

O cérebro pode ser comparado a uma bateria: quando está totalmente carregado, nossas emoções são normais, agradáveis e estáveis. Quando a bateria "arria", nós nos sentimos sem energias, descarregados, fadigados e emocionalmente instáveis. Sabemos que, para funcionar corretamente, a bateria do nosso carro precisa estar totalmente carregada, e a carga elétrica da bateria é mantida pela correta combinação de substâncias químicas na bateria. De forma análoga, a energia elétrica – ou "carga" – de nosso cérebro é mantida pela correta quantidade e equilíbrio de substâncias químicas cerebrais. Essas substâncias químicas são produzidas pelas células do cérebro (os neurônios); as mais importantes são serotonina, noradrenalina e dopamina. Essas substâncias químicas cerebrais são conhecidas como neurotransmissores. Na falta ou excesso desses neurotransmissores, a atividade elétrica do cérebro torna-se disfuncional. Isso pode provocar depressão e/ou ansiedade.

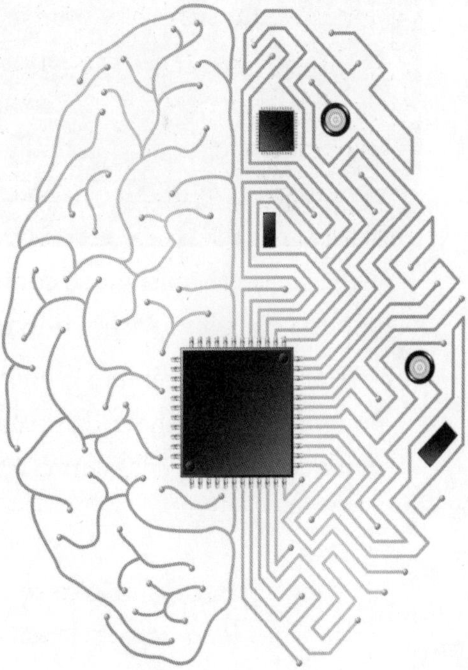

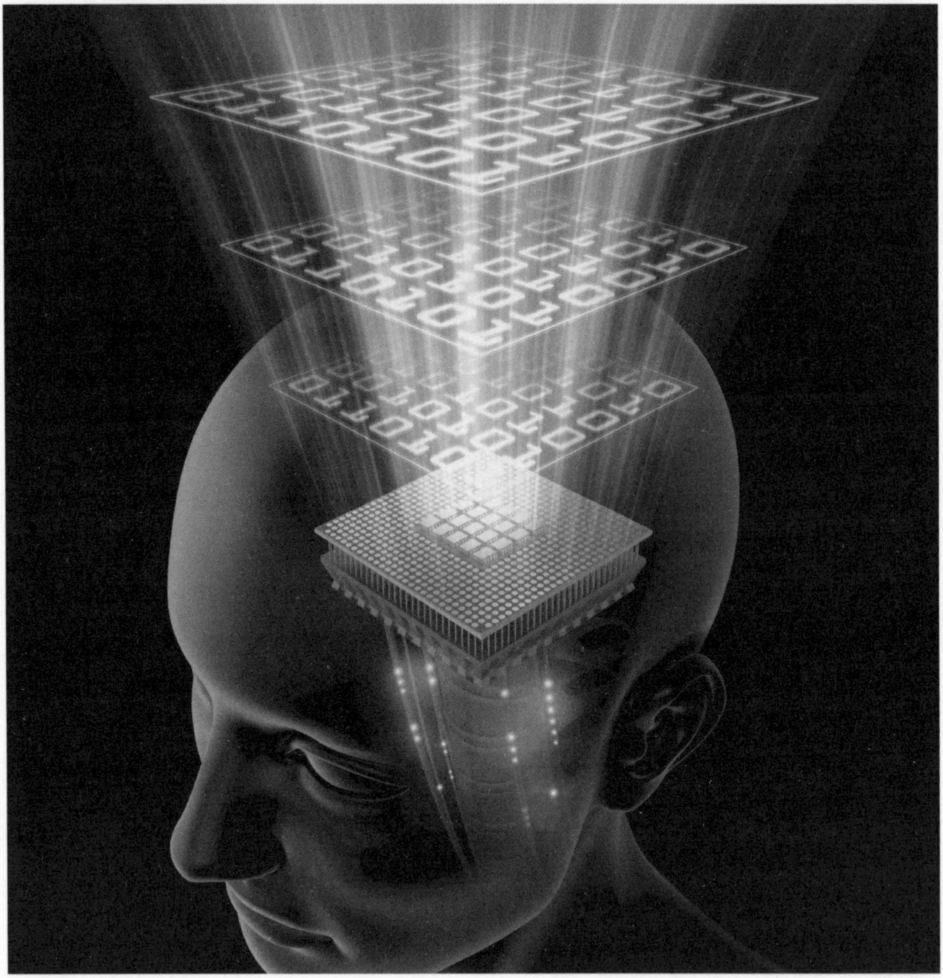

A analogia do cérebro com a bateria é útil para meus pacientes, que podem assim entender que seus sintomas devem-se a um desequilíbrio químico, e não apenas a uma atitude ou problema psicológico.

Serotonina, o neurotransmissor da felicidade!

No que diz respeito ao nosso humor e à forma com a qual desfrutamos dos prazeres da vida, a serotonina é uma substância química importantíssima.

A serotonina é um notável mensageiro químico; quantidades adequadas de serotonina são necessárias para isto.

- Promover a estabilidade do humor.
- Aumentar a sensação de felicidade e contentamento.
- Promover um sono reparador.
- Manter uma libido saudável.
- Prevenir a tensão pré-menstrual.
- Prevenir dores de cabeça.
- Controlar a ansiedade.

A doença depressiva muitas vezes é causada ou associada a níveis anormalmente baixos de serotonina no cérebro. A maior parte dos antidepressivos aumenta a quantidade de serotonina disponível às células do cérebro.

Sintomas da deficiência de serotonina

Aqui estão todos os possíveis sintomas da deficiência de serotonina.

- Agressividade e temperamento ruim.
- Irritabilidade.
- Insônia.
- Depressão.
- Transtornos alimentares.
- Dor de cabeça, especialmente enxaqueca.
- Aumento da sensibilidade à dor.
- Incapacidade de recordar dos sonhos.

- Vontade de ingerir álcool e/ou carboidratos.
- Transtorno afetivo sazonal (depressão durante o inverno).

Como é produzida a serotonina no cérebro?

A serotonina é produzida no cérebro a partir do aminoácido triptofano. Uma enzima chamada hidroxilase, em conjunto com vitamina B6 e magnésio, converte o triptofano em 5-hidroxitriptofano (5HTP), que é então convertido em serotonina.

O outro nome da serotonina é 5-hidroxitriptofano.

Dopamina, o neurotransmissor de foco, incentivo, recompensa e prazer

A dopamina é um poderoso neurotransmissor encontrado nas áreas do cérebro relacionadas ao prazer e à recompensa.

Nos enormes lobos frontais do cérebro, a dopamina controla o fluxo das informações provenientes de outras áreas do cérebro. Alterações nos níveis de dopamina nessa região do cérebro podem causar um declínio nas funções neurocognitivas, especialmente atenção, memória e habilidades na resolução de problemas. Acredita-se que concentrações reduzidas de dopamina nas áreas frontais do cérebro contribuam para o transtorno do déficit de atenção.

Entre os sintomas que podem estar relacionados a uma deficiência de dopamina encontram-se estes.

- Depressão.
- Fadiga mental.
- Perda de motivação.
- Sensação de cabeça "oca".
- Problemas de memória.
- Dificuldade de concentração.
- Dificuldade na realização de tarefas rotineiras.
- Diminuição da atividade física.
- Vício de ingestão de alimentos, álcool ou outras substâncias.
- Vontade de comer determinados alimentos.
- Apetite excessivo.
- Incapacidade de ter prazer.
- Incapacidade de satisfazer-se.
- Incapacidade de sentir-se recompensado.
- Tremores.
- Baixa libido.

Deficiência de dopamina

A deficiência de dopamina pode provocar diversos problemas de saúde, da obesidade a transtornos sexuais, passando por vícios de alimentos ou outros. Uma deficiência de dopamina severa em áreas específicas do cérebro é a causa da Doença de Parkinson.

Os aminoácidos tirosina e fenilalanina são a matéria-prima para a produção de dopamina no cérebro. A fenilalanina é um aminoácido que, no organismo, pode ser convertido em tirosina que, por sua vez, é usado na síntese da dopamina.

Como é convertida em dopamina no cérebro, a tirosina costuma ser útil para reduzir os sintomas da deficiência em dopamina. Assim, a tirosina pode ser útil em pessoas com dependência química, na fadiga mental e na depressão. Por razões semelhantes, a tirosina ajuda a suprimir o apetite e reduzir a vontade de ingerir determinados alimentos.

Alguns medicamentos antidepressivos aumentam a quantidade de dopamina no cérebro.

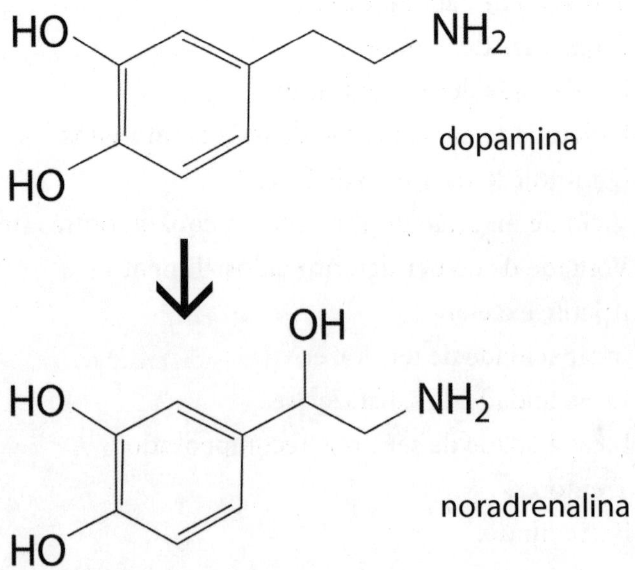

Noradrenalina, o neurotransmissor da vontade, do entusiasmo e da energia

Esse neurotransmissor cerebral tem como matéria-prima o aminoácido tirosina. A noradrenalina é um poderoso estimulante natural que, em quantidades excessivas, pode produzir a sensação de imensa energia, invencibilidade, impulsividade e euforia. Quando uma pessoa faz uso de cocaína ou anfetaminas, essas substâncias fazem com que o organismo seja inundado de adrenalina e noradrenalina; por isso, cocaína e *speed* são tão viciantes.

A adrenalina é uma substância química que prepara o corpo para a reação de luta e fuga quando a pessoa está diante de uma situação de perigo ou de um enorme desafio físico ou mental; nessas situações, a adrenalina é apropriada e útil.

Por outro lado, se o organismo liberar grandes quantidades de adrenalina quando a pessoa não estiver diante de uma situação de perigo real ou de um desafio, isso causa um estado de estimulação inadequada e excessiva, o que pode provocar ansiedade e estresse excessivos, taquicardia, hipertensão, dor no peito, diarreia, suores, tensão muscular, agitação, respiração curta e pânico. A ameaça percebida deve-se a um desequilíbrio químico no cérebro e no corpo, e não é real. Isso é muito assustador e produz uma sensação de perda de controle. Se for intensa, pode ocorrer um ataque de pânico.

Níveis anormalmente baixos de noradrenalina no cérebro produzem fadiga extrema, depressão apática e perda de interesse. Alguns antidepressivos, como os IRNS (inibidores de Recaptação de Noradrenalina e Serotonina) são capazes de aumentar a quantidade de adrenalina e noradrenalina no cérebro.

Capítulo 4

Antidepressivos

Os modernos medicamentos antidepressivos

A expressão que costumo usar para descrever o mecanismo de ação dos medicamentos antidepressivos é – eles recarregam a bateria, quando ela está baixa. Está lembrado da analogia do cérebro como bateria? Quando a bateria do cérebro estiver "arriada", os antidepressivos servem para recarregá-la. Dito de outra forma, os medicamentos antidepressivos corrigem o desequilíbrio químico que leva o cérebro a se "descarregar".

As substâncias químicas que conferem ao cérebro sua energia são conhecidas coletivamente como neurotransmissores; são chamadas também de aminas biogênicas ou monoaminas. As aminas biogênicas consistem em dopamina, noradrenalina, adrenalina e serotonina.

Todos os medicamentos antidepressivos atuam tornando essas aminas biogênicas mais disponíveis para partes relevantes do cérebro. Assim, poderíamos postular que uma deficiência de aminas biogênicas no cérebro faz com que sua energia caia, e o "cérebro descarregue". Isso sustenta a ideia de que a depressão e a ansiedade são causadas por uma deficiência ou um desequilíbrio de aminas biogênicas no cérebro. Tal deficiência das aminas biogênicas no cérebro é o desequilíbrio químico, que causa depressão e ansiedade.

Algumas pessoas relutam em usar medicamentos ou qualquer coisa de natureza química ou que não seja natural para tratar uma doença. No entanto, quando é necessário recorrer à medicina holística, essa atitude mental pode impedir a recuperação da pessoa. Uma maneira mais palatável e aceitável de vermos esses medicamentos antidepressivos é entender que eles aumentam a disponibilidade e eficácia de substâncias que ocorrem naturalmente no organismo – ou seja, as aminas biogênicas.

O uso de antidepressivos é cercado de controvérsias, pois muitos os consideram perigosos, temem que o medicamento crie dependência ou seja considerado um sinal de fraqueza.

Tenho um livro muito antigo intitulado *Lecture Notes on Psychiatry*, da época da Faculdade de Medicina. O livro, de autoria do dr. James Willis, foi publicado em 1964, quando a opção de antidepressivos era limitada a dois tipos. O autor do livro, um respeitado médico de Londres, me dava a impressão de acreditar que a eficácia dos antidepressivos, ainda que amplamente receitados, não havia sido comprovada, e que os testes clínicos haviam gerado resultados conflitantes. Ele afirmava que a doença depressiva tem uma alta taxa de remissão espontânea (ou seja, cura-se sozinha) e que o entusiasmo dos médicos pelos medicamentos antidepressivos devia-se a esse fator.

Por outro lado, o livro, intitulado *Ouvindo o Prozac*, do psiquiatra dr. Peter Kramer e publicado em 1993, apresenta uma perspectiva muito diferente sobre os medicamentos antidepressivos. O Prozac, que tem como princípio ativo a fluoxetina, foi o primeiro antidepressivo da classe conhecida como inibidores seletivos da recaptação de serotonina (ISRS) a ser utilizado na prática médica, o que ocorreu em 1988. O livro é um relato fascinante das melhorias fantásticas proporcionadas aos pacientes do dr. Kramer após o início da terapia com "Prozac". O dr. Kramer explica as questões éticas e humanas que precisam ser exploradas para que se tome a decisão de receitar o medicamento a um paciente. De um modo geral, o dr. Kramer é protagonista desse novo tipo de medicamento depressivo que alcançou a fama devido ao Prozac. O livro é uma obra de arte literária e chegou ao topo da lista de *best-sellers* do *New York Times*. Recomendo veementemente sua leitura às pessoas que se interessem pelas doenças de fundo emocional, pela busca da felicidade e pela Psicologia.

Perguntas mais frequentes

Pergunta – Os medicamentos antidepressivos causam dependência?

Resposta – Os medicamentos antidepressivos não causam dependência; no entanto, quando o paciente os toma por anos, é preciso suspender seu uso gradualmente, o que pode levar até seis meses. O mais importante é reduzir a dose muito aos poucos. Por exemplo, você pode começar a tomar o antidepressivo em dias alternados, ou um dia tomar a dose integral e no outro dia tomar apenas a metade da dose. Há várias maneiras de reduzir a dose gradualmente; converse com seu médico sobre a melhor maneira de fazê-lo. Além disso, consulte o médico regularmente enquanto estiver reduzindo a dose.

Pergunta – Uma vez iniciado o uso de um antidepressivo, devo ter como objetivo o "desmame" depois de algum tempo?

Resposta – Depende da causa da alteração emocional. Além disso, a resposta varia de paciente para paciente. Se sua depressão tiver sido causada pela perda de algo importante na sua vida e tendo você já trabalhado essa perda e estiver se sentindo emocionalmente estável, pode tentar suspender gradualmente o uso da medicação, processo conhecido como "desmame". De forma análoga, se a sua depressão tiver sido causada pelo estresse decorrente de problemas externos ou de relacionamento, uma vez resolvidas essas questões, poderá retirar gradualmente o medicamento antidepressivo.

No entanto, se você tiver herdado os genes para a depressão e/ou ansiedade, será mais difícil ficar sem usar antidepressivos pelo resto da vida. Isso porque nessa situação a medicação está tratando a causa da depressão, ou seja, um desequilíbrio químico causado pela sua herança genética. Sendo assim, a depressão de origem genética não é desencadeada por acontecimentos da vida, como a perda de um ente querido ou estresse, em geral temporários. A forma genética da depressão e ansiedade costuma ser duradoura porque o desequilíbrio químico, por ter origem genética, é permanente. Muitas pessoas com depressão de origem genética sentem-se muito melhor e mais normais quando fazem uso de antidepressivo; quando tentam interromper seu uso, o desequilíbrio químico retorna, trazendo consigo alterações emocionais. Nessa situação, talvez seja melhor aceitar a doença, da mesma maneira que as pessoas aceitam o fato de que precisam fazer uso de medicamentos para controlar a asma, doença cardíaca, epilepsia etc., todas elas doenças de causas genéticas. Entender que a depressão de origem genética é um desequilíbrio químico e, por isso, a Psicologia isoladamente pode não funcionar, elimina o estigma equivocado associado ao uso de antidepressivos – ou seja, que são um sinal de fraqueza. É seguro e lógico fazer uso de antidepressivos em longo prazo no caso de doença depressiva crônica de origem genética.

Pergunta – Gostaria de suspender o uso de antidepressivos. Qual é a melhor maneira de fazê-lo?

Resposta – Antes de tudo, procure seu médico, que lhe dirá qual a melhor maneira de fazê-lo, pois não se deve interromper o uso de antidepressivos de uma hora para outra. Se interromper seu uso abruptamente, você provavelmente terá sintomas desagradáveis, como dor de cabeça, tonteira, depressão, ansiedade, náusea e nervosismo. É melhor suspender seu uso muito gradualmente, reduzindo a dose aos poucos. O processo pode levar até seis semanas, e podem ser usados vários esquemas, por exemplo: tomar o medicamento dia sim, dia não, durante um mês e, depois, passar a tomá-lo de três em três dias. Mas nada disso deve ser feito sem supervisão médica. Evite a ingestão de álcool enquanto estiver retirando a medicação, adote uma alimentação e um estilo de vida saudáveis e continue usando seus suplementos naturais.

Pergunta – É perigoso tomar antidepressivos?

Resposta – De um modo geral, os antidepressivo são muito seguros, mas, como todo medicamento, deve ser receitado com cautela e com as devidas precauções. Comparados aos efeitos colaterais dos medicamentos receitados comumente para uso prolongado, como anti-inflamatórios, esteroides, alguns antibióticos, alguns diuréticos, imunossupressores e medicamentos para baixar o colesterol, os efeitos colaterais dos antidepressivos são muito menos perigosos. Os médicos estão cientes das precauções ao receitar antidepressivos, o que se aplica em especial a pacientes agitados e/ou que apresentem risco de suicídio. Nesses casos, alguns tipos de antidepressivos podem aumentar a agitação e o risco de suicídio. Em alguns casos, o paciente precisa ser supervisionado constantemente até estar emocionalmente estável. Em situações de superdosagem, os tipos mais modernos de antidepressivos são menos perigosos que os mais antigos, como os antidepressivos tricíclicos e os inibidores da monoaminaoxidase.

Pergunta – Os antidepressivos têm muitos efeitos colaterais?

Resposta – A maior parte dos possíveis efeitos colaterais ocorre durante as duas primeiras semanas de tratamento e desaparecem depois que a medicação começa a fazer efeito.

Se forem receitados incorretamente, os antidepressivos podem gerar efeitos colaterais mais intensos. É importante adaptar a dose inicial do antidepressivo à gravidade da depressão e/ou ansiedade. Na maior parte dos casos, a dose inicial deve ser a mínima possível e, ao longo de um período de duas semanas, deve ser ajustada até a dose de manutenção necessária. Começando-se com a menor dose possível, pode-se evitar a ocorrência de efeitos colaterais. Converse com seu médico a respeito.

Pergunta – Continuarei sendo eu mesmo enquanto estiver tomando antidepressivos?

Resposta – Claro, você continuará sendo você mesmo enquanto estiver tomando antidepressivos. Na verdade, se tiver perdido sua velha alegria de viver, verá que aos poucos retornará ao seu estado normal depois de algumas semanas ou meses. Os antidepressivos, quando receitados a pessoas que realmente precisam deles, permitem que a pessoa cresça e se desenvolva de maneira mais positiva, à medida que eliminam os problemas emocionais que as impediram de seguir adiante durante tantos anos. Isso ocorre em especial com pessoas com depressão e/ou ansiedade crônica de causa genética, pois a correção do desequilíbrio químico no cérebro pode melhorar sua personalidade de maneira que lhes permita aproveitar muito mais a vida. Por exemplo, essas pessoas podem se tornar mais relaxadas, mais expressivas, mais cheias de energia, mais confiantes, mais corajosas, mais firmes e mais extrovertidas. Assim, poderíamos dizer que, para essas pessoas, o antidepressivo lhes permitiu assumir a personalidade que desejavam, sem conseguir.

Pergunta – Tomar antidepressivos é sinal de fraqueza? Devo resistir a eles?

Resposta – A resposta é não. A necessidade de tomar um antidepressivo não é sinal de fraqueza nem de desistência. De fato, a verdade é que o antidepressivo pode torná-lo mais forte e mais funcional, e, assim, você será capaz de conquistar mais coisas na vida. Isso não só ajudará você como também outras pessoas. Tomar um antidepressivo pode ser essencial para lidar com o estresse de uma situação temporária e intolerável ou com um desequilíbrio químico no cérebro. Lembre--se: não se pode superar um desequilíbrio químico grave no cérebro apenas com pensamentos positivos e força de vontade; trata-se de um ciclo vicioso – o desequilíbrio químico causa pensamentos e emoções negativos, e esses pensamentos, por sua vez, agravam o desequilíbrio químico.

Pergunta – O antidepressivo pode me deixar mais letárgico?

Resposta – Em geral, os antidepressivos não causam letargia mental nem física, especialmente se não forem tomados em altas doses; normalmente, é possível evitar a necessidade de doses altas no longo prazo. Muitas pessoas sentem que, uma vez que o antidepressivo alivia a fadiga, a dor muscular e a ansiedade, elas tornam-se mais motivadas e muito mais eficientes. Se não forem tratados, os sintomas da depressão e da ansiedade, sim, causam letargia; além disso, causam distração e desperdiçam energia.

Pergunta – O mecanismo de ação dos antidepressivos é o mesmo dos sedativos?

Resposta – Não, seu mecanismo de ação é muito diferente daquele dos sedativos. Os sedativos, como os da família dos benzodiazepínicos, não corrigem o desequilíbrio químico no cérebro que causa depressão e/ou ansiedade. Os sedativos operam suprimindo e controlando os sintomas da ansiedade. Exemplos da família dos benzodiazepínicos são: diazepam, lorazepam, oxazepam, clobazam, bromazepam, alprazolam e temazepam. Esses tipos de sedativos podem causar dependência. O ideal é que seu uso seja minimizado e temporário.

O alprazolam é eficaz para a ansiedade na doença do pânico. Não causa sedação como alguns dos outros sedativos benzodiazepínicos e tem menos efeitos colaterais. No entanto, causa dependência, e seu tempo de ação é curto; por isso, é difícil suspender seu uso.

A buspirona é outro tipo de sedativo.

Os sedativos podem ser usados pelas pessoas propensas a ataques de pânico, mas lembre-se de que eles simplesmente aliviam os sintomas, não prevenindo outros ataques de pânico ou ansiedade. Os antidepressivos causam muito menos dependência e, na maior parte dos casos, podem prevenir a ansiedade e os ataques de pânico. Os sedativos e os remédios para dormir costumam ser receitados a pacientes que sofrem de insônia e/ou ansiedade ou ataques de pânico, e, em muitos desses pacientes, um antidepressivo seria mais eficaz e causaria menos dependência.

Pergunta – Estou fazendo terapia hormonal. Posso tomar antidepressivo?

Resposta – Pode. Se a depressão for causada em parte pelos desequilíbrios hormonais, é muito mais eficaz experimentar a terapia hormonal isoladamente ou associada a antidepressivos. A terapia hormonal e o antidepressivo podem ter um efeito sinérgico – em outras palavras, ajudam um ao outro a deter com maior rapidez e eficácia a depressão e/ou ansiedade.

Pergunta – Os antidepressivos podem ser usados junto com terapias naturais?

Resposta – O ideal seria administrar a todos os pacientes que sofrem de depressão e/ou ansiedade um programa que incorpore terapias naturais específicas e uma dieta específica para estimular sua química cerebral.

De um modo geral, o uso de terapias naturais, junto com uma dieta especial, permitirá que doses muito menores de antidepressivos sejam muito mais eficazes. As terapias naturais normalmente previnem o uso de grandes doses de antidepressivos por longos períodos.

Existem algumas contraindicações à combinação de determinados suplementos nutricionais ou ervas com antidepressivos. São estas.

- O *Hypericum perforatum* (conhecido também como erva-de-são-joão) não pode ser administrado junto com medicamentos antidepressivos.

- O aminoácido tirosina não pode ser administrado junto com alguns tipos de antidepressivos, como os inibidores da monoaminaoxidase (MAO).

Não deixe de consultar seu médico ou naturopata, e assim evitar interações inadequadas.

Quais são as opções de antidepressivos existentes hoje?

Antidepressivos tricíclicos

Os antidepressivos tricíclicos foram descobertos na década de 1950 e, desde então, vêm sendo usados extensivamente ao redor do mundo para aliviar transtornos como depressão, ansiedade, transtorno obsessivo-compulsivo e ataques de pânico. São usados também para ajudar pessoas com insônia e podem reduzir a dor na neuralgia pós-herpética. Algumas pessoas os consideram úteis para reduzir a enxaqueca, cefaleia tensional e fibromialgia.

Exemplos de antidepressivos tricíclicos são: imipramina, amitriptilina, desipramina, nortriptilina, doxepin, mianserin, cloropramina, lofepramina e trazodone.

Vantagens dos antidepressivos tricíclicos

Os antidepressivos tricíclicos são altamente eficazes, e 60% a 70% dos pacientes apresentam boa resposta depois de várias semanas de tratamento.

São particularmente bons para isto.

- Dificuldades de sono.
- Ansiedade.
- Ataques de pânico.
- Irritabilidade e hiperatividade da bexiga.
- Frequência urinária noturna aumentada.

- Diarreia nervosa.
- Apetite reduzido.

Desvantagem dos antidepressivos tricíclicos

Os antidepressivos tricíclicos não afetam apenas o cérebro; afetam também o controle nervoso de muitas outras funções corporais automáticas.

Isso pode ocasionar estes efeitos colaterais.

- Palpitações ou taquicardia.
- Boca seca.
- Visão embaçada.
- Constipação.
- Retenção urinária.
- Tremor fino nas extremidades.
- Aumento da transpiração.
- Hipotensão postural (a pressão arterial cai quando a pessoa se levanta rápido demais).

Podem também causar ganho de peso e sedação leve em algumas pessoas; no entanto, se forem usadas doses menores inicialmente, tais efeitos colaterais podem ser minimizados.

A tentativa de suicídio com um antidepressivo tricíclico por um paciente deprimido pode provocar efeitos tóxicos e perigosos ao coração.

Inibidores da Monoaminaoxidase (MAO)

Os inibidores da monoaminaoxidase (MAO) são antidepressivos muito eficazes e poderosos que atuam aumentando os níveis dos neurotransmissores estimulantes de noradrenalina e dopamina no cérebro.

Alguns exemplos são fenelzina e tranilcipromina.

Vantagens dos inibidores da MAO

- Têm ação rápida: de 24 a 48 horas após o início da administração.
- Têm efeito estimulante no cérebro.
- Aumentam a energia física e mental.
- Podem ter boa resposta nos casos em que todos os outros antidepressivos falharam.
- Podem ser excelentes para pessoas que sofrem de depressão associada a quadros obsessivos ou hipocondria.

Desvantagens dos inibidores da MAO

Em alguns pacientes, podem ocorrer estes efeitos colaterais.

- Insônia.
- Alterações no apetite.

É preciso seguir uma dieta especial, com baixo teor de aminas. Caso o paciente ingira alimentos contendo tiramina ou dopamina, podem ocorrer efeitos colaterais sérios. Entre esses efeitos colaterais sérios estão hipertensão arterial, acidentes vasculares cerebrais ou cefaleia (dor de cabeça) intensa.

Os inibidores da MAO não devem ser administrados concomitantemente a outros medicamentos, exceto sob supervisão médica. Podem ocorrer interações medicamentosas perigosas com petidina, anfetaminas, efedrina, pseudoefedrina, levodopa e várias outras.

Se a dieta com baixo teor de amina for seguida à risca, os inibidores da monoaminaoxidase são bastante seguros.

Tal dieta exclui alimentos ricos em aminas, como vinho *Chianti*, figo maduro, favas, alimentos fermentados, arenque em salmoura, extrato de levedura, alimentos parcialmente decompostos (como carne de caça ou carne envelhecida), queijos maduros e diversos outros alimentos. As instruções sobre a alimentação são fornecidas quando o paciente inicia a terapia com inibidores da monoaminaoxidase. A lista não é demasiadamente extensa, e, em geral, os pacientes não têm dificuldade de manter a dieta com baixo teor de amina.

Inibidores seletivos da recaptação de serotonina (ISRSs)

Essa classe de antidepressivos aumenta a quantidade do neurotransmissor serotonina no cérebro.

O primeiro Inibidor Seletivo de Recaptação de Serotonina foi lançado em dezembro de 1987 e chamava-se Prozac. O surgimento dos ISRSs revolucionou a prática da psiquiatria, pois, pela primeira vez na História, os médicos tinham uma classe de antidepressivos altamente eficazes, relativamente livres de efeitos colaterais, relativamente seguros e de ação específica.

O dr. Kramer, autor do *best-seller Ouvindo o Prozac*, descreve o Prozac como uma "droga sintética elegante e *high-tech*". O dr. Kramer descreve os ISRSs como "drogas limpas", o que significa que tendem a ter menos efeitos colaterais do que os antidepressivos tricíclicos ou os inibidores da monoaminaoxidase.

Exemplos de ISRSs seriam Citalopram, Escitalopram, Fluoxetina (Prozac), Paroxetina, Fluvoxamina e Sertralina.

Desde o lançamento dos ISRSs, houve outros avanços no desenvolvimento dos antidepressivos. Hoje, temos medicamentos que não apenas elevam os níveis de serotonina no cérebro como também elevam os níveis de outros neurotransmissores, como a noradrenalina. Essas novas drogas são conhecidas como Inibidores da recaptação de serotonina e noradrenalina (IRSNs). Essa classe de antidepressivos tem se mostrado muito eficaz, sendo amplamente receitada pelos especialistas.

Alguns médicos acreditam que os IRSNs são mais eficazes, em especial para pessoas com depressão crônica de origem genética.

Tais medicamentos são eficazes para pessoas portadoras de transtorno da ansiedade social, no qual as pessoas sentem-se pouco à vontade em situações sociais ou multidões. Um exemplo seria a venlafaxina.

Outro tipo de antidepressivo aumenta a secreção de serotonina e noradrenalina no cérebro. O mais conhecido entre eles chama-se mirtazapina.

A reboxetina é um tipo mais novo de antidepressivo, que eleva apenas os níveis de noradrenalina no cérebro. É altamente eficaz na depressão grave, mas há algumas precauções relacionadas ao seu uso em pessoas com glaucoma, hipertensão, doença cardíaca, epilepsia ou tendência a episódios maníacos.

Outro antidepressivo da classe dos IRSNs, chamado duloxetina, foi lançado no mercado australiano com indicações para o tratamento não apenas da depressão e da ansiedade como também para incontinência urinária, neuropatia dolorosa e fibromialgia. Isso não é surpresa, uma vez que o estresse crônico pode se manifestar no organismo sob a forma de doenças psicossomáticas, como fibromialgia, dor de cabeça e dor nas costas. Nesses casos, o paciente pode não estar ciente de que a ansiedade é que está lhe causando a dor física. O fato de um antidepressivo poder aliviar a dor física ilustra a enorme influência do estresse crônico no controle das contrações musculares e do fluxo sanguíneo para os músculos no corpo.

Vantagens dos ISRSs e IRSNs

- São altamente eficazes no alívio dos sintomas da depressão e/ou ansiedade.
- Podem reduzir/prevenir a sensibilidade exagerada à perda ou à rejeição.
- Podem evitar ansiedade e ataques de pânico.
- Podem ser eficazes em transtornos alimentares, como anorexia ou bulimia.
- Podem reduzir o transtorno do déficit de atenção.
- Podem reduzir o transtorno obsessivo-compulsivo.
- Podem tornar as pessoas mais aventureiras.
- Podem aumentar a capacidade de vivenciar o prazer.

- Podem tornar as pessoas mais extrovertidas e sociáveis.
- Podem tornar as pessoas menos inibidas.
- Podem aumentar a sensação de segurança pessoal.
- Podem tornar as pessoas mais firmes e confiantes.
- De um modo geral, os ISRSs têm menos efeitos colaterais do que os outros tipos de antidepressivos.
- Não há necessidade de seguir uma dieta especial enquanto se está tomando esse tipo de medicamento; além disso, podem-se ingerir socialmente pequenas quantidades de álcool.
- Superdosagens de ISRSs são muito menos perigosas do que superdosagens de antidepressivos tricíclicos ou inibidores da MAO.

Desvantagens dos ISRSs e IRSNs

Todas as drogas têm efeitos colaterais. No caso dos antidepressivos, esses efeitos normalmente ocorrem nas duas ou quatro primeiras semanas após o início do tratamento. Se inicialmente forem usadas as menores doses possíveis, os efeitos colaterais normalmente serão mínimos. Descobri que, quando um paciente realmente precisa de antidepressivo, em geral os efeitos colaterais significativos são mínimos se utilizarmos doses mínimas inicialmente.

Entre os possíveis efeitos colaterais estes.

- Fadiga.
- Dor de cabeça, mas em alguns casos a dor de cabeça diminui à medida que a tensão diminui.
- Diminuição da libido e incapacidade de atingir o orgasmo.
- Pesadelos.
- Aumento da transpiração.
- Perturbações digestivas, como náuseas ou cólicas abdominais – esse efeito pode ser reduzido tomando-se a medicação às refeições. Antiácidos podem ajudar a reduzir os efeitos colaterais.

- *Rash*[1] cutâneo.
- Elevação da pressão arterial.
- Aumento da frequência cardíaca.
- Sangramento: contusões, sangramento nasal, sangramento vaginal, sangramento gastrointestinal.
- Baixos níveis de sódio no sangue.
- Inquietação nas pernas quando a pessoa senta ou fica de pé, parada.
- Agitação entre os bipolares (depressão maníaca).
- Aumento do risco de suicídio, se receitados incorretamente.
- Inflamação no fígado.
- Perda ou ganho de peso.
- Aumento do risco de osteoporose.

Converse com seu médico

Depressão, ansiedade e incapacidade de lidar com o estresse são problemas muito comuns. Sendo assim, o estudo de substâncias que influenciam favoravelmente a bioquímica cerebral se intensificará muito. Embora a verdadeira felicidade não possa ser encontrada em uma droga ou suplemento, a verdade é que tais recursos podem ajudar os seres humanos a lidarem com os reveses da vida. Podem elevar o limiar de tolerância aos efeitos nocivos do estresse, adormecer a dor da rejeição e do fracasso e nos permitir ter um olhar mais distanciado e objetivo sobre os nossos problemas.

Se você acredita estar sofrendo de depressão, converse com seu médico. Ele poderá ajudá-lo.

Seu clínico saberá se você precisa de antidepressivos e/ou se deve procurar um psiquiatra. Os psiquiatras são médicos qualificados,

---

1 O *rash* é uma erupção cutânea caracterizada por lesões eritematosas (vermelhas), formando pápulas ou pontos, com distribuição generalizada (acometendo várias áreas corporais) e podendo ser pruriginosas ou não ("coçar" ou não). Em geral, acomete a face, o tronco, os membros superiores e inferiores, mas pode estar ausente em uma ou duas dessas regiões.

especializados na área de problemas mentais e emocionais. Seu médico poderá lhe indicar um psiquiatra qualificado. Alguns planos de saúde cobrem os custos do tratamento psiquiátrico. Outra alternativa seria buscar tratamento psiquiátrico na rede pública.

Relato de caso

Pauline era minha paciente há anos e sempre fora muito sensível a críticas e à rejeição. Depois da menopausa, entrou em depressão, tinha insônia e acabou não conseguindo manter o emprego. Experimentamos um antidepressivo tricíclico, ao qual ela não respondeu bem, pois, depois de quatro meses, continuava queixando-se de tristeza e fadiga. Decidimos interromper o antidepressivo tricíclico durante quatro semanas e, em seguida, iniciamos o tratamento com um inibidor seletivo da recaptação de serotonina chamado Aropax. Depois de três meses de Aropax, Pauline tinha voltado a dormir normalmente, mas ainda se sentia deprimida. Disse que se sentia em uma *camisa de força química* e queria interromper o uso da medicação. Sendo assim, optamos por uma abordagem mais natural, com óleo de peixe e magnésio, e ela passou a frequentar sessões de terapia e grupos de apoio para aprender a ser mais confiante.

Aos poucos, Pauline foi melhorando, mas não se recuperou inteiramente. Ainda se sentia propensa à depressão e à ansiedade e não conseguiu voltar ao trabalho. Sentia-se excessivamente sensível às críticas do filho e do ex-marido, que tentava fazer com que sentisse culpada.

Propus então que ela experimentasse um novo tipo de antidepressivo para ver se conseguíamos equilibrar sua química cerebral. Eu acreditava que Pauline estava sofrendo de um tipo de depressão ocasionada pela falta dos neurotransmissores noradrenalina e dopamina, e não de serotonina. Isso porque os outros medicamentos que eu havia experimentado, o antidepressivo tricíclico e o ISRS, aumentam os níveis de serotonina, o que no caso dela não funcionou.

Pauline concordou em experimentar, pois estava consciente de que tinha um desequilíbrio químico, tinha experimentado de tudo e nada funcionara. Disse-me: "Puxei a minha mãe; pareço com ela e, por menos que eu queira, tenho as mesmas reações que ela; deve ser genético". Disse-lhe que tinha razão; o desequilíbrio químico muitas vezes é transmitido geneticamente e precisa ser corrigido com o uso de medicamento. Pauline disse: "Minha pobre mãe era dominada por um marido controlador e altamente crítico, não quero ser igual a ela; ela foi ficando cada vez mais deprimida e impotente com o passar dos anos". Respondi: "Que bom que você vive em uma época em que a moderna Farmacologia tem solução para o seu caso, pois no passado muitas pessoas que tinham tais desequilíbrios não encontravam alívio para seu problema".

Concordamos então em iniciar um inibidor da MAO chamado Parnate, que aumenta os níveis cerebrais dos neurotransmissores dopamina e noradrenalina. Depois de uma semana, Pauline estava se sentindo completamente diferente - cheia de energia, motivada e alegre. Depois de três meses de medicação, Pauline estava de fato aproveitando mais a vida do que fizera nos últimos anos e já não estava mais tão sensível aos membros mais poderosos da família. Passou a conseguir lidar com suas críticas com distanciamento e confiança. Voltou ao antigo emprego, e seus colegas de trabalho ficaram surpresos com a nova atitude. Ela havia decidido não dizer a ninguém que estava tomando antidepressivo, o que em muitos casos é uma atitude adequada, pois muitas pessoas não entendem o papel dessas medicações.

O relato de caso de Pauline demonstra que encontrar a medicação correta para superar um desequilíbrio químico específico que possa estar causando uma doença de fundo emocional pode ser um processo demorado, marcado por tentativa e erro. O fato de uma determinada medicação não fazer efeito não significa que você deva desistir de encontrar uma solução para superar a depressão com o auxílio de outras medicações ou estratégias.

Capítulo 5

Tratamentos naturais para depressão

Desequilíbrios e deficiências nutricionais podem causar deficiências de neurotransmissores, como noradrenalina, dopamina e serotonina. Deficiências nutricionais também podem provocar alterações físicas adversas no cérebro, o que pode acarretar problemas de humor e cognição. Os pioneiros no tratamento nutricional de problemas mentais e emocionais foram o dr. Abram Hoffer (Canadá) e Carl Pfeiffer (EUA). Durante o século 20, eles desenvolveram protocolos nutricionais para diversos problemas nessa área.

Hypericum perforatum (erva-de-são-joão)

A erva *Hypericum perforatum*, conhecida também como erva-de-são-joão, é usada desde a antiguidade grega como remédio para queixas nervosas. O sucesso clínico dos extratos da erva no tratamento de pacientes deprimidos foi confirmado em um grande número de estudos duplo-cegos controlados por placebo. Um grande benefício do *Hypericum* é que, nas doses utilizadas em seres humanos, a erva geralmente não apresenta efeitos colaterais. Podem ocorrer reações alérgicas em pessoas que geralmente são alérgicas a ervas, que podem apresentar *rash* cutâneo por fotossensibilidade quando expostas ao sol.

Acredita-se que o *Hypericum* exerça sua atividade antidepressiva e elevadora do humor de modo semelhante à ação dos inibidores da MAO (monoaminaoxidase). Em outras palavras, o *Hypericum* é capaz de inibir as enzimas que decompõem os produtos químicos noradrenalina e serotonina no cérebro.

A maior parte dos estudos que demonstram a eficácia do *Hypericum* como antidepressivo utilizou um estrato padronizado da erva equivalente a uma dose total de hipericina 900 mcg três vezes ao dia. Isso é equivalente a comprimidos contendo 300 mg de extrato da erva a 6:1. Um comprimido de 300 mg, três vezes ao dia, é a dose considerada eficaz do ponto de vista terapêutico, embora algumas pessoas acreditem só precisar de um ou dois comprimidos ao dia.

Indícios científicos e clínicos demonstraram que o *Hypericum* constitui um tratamento de primeira linha no controle da depressão leve a moderada.

Outro benefício interessante do *Hypericum* é que vários estudos demonstraram pronunciada inibição da multiplicação de alguns tipos de vírus, particularmente retrovírus, entre eles o vírus da imunodeficiência humana, que causa a AIDS. A erva é associada a todas as vitaminas do complexo B e minerais em um comprimido chamado StressEze (não disponível no Brasil), que tem efeito mais potente.

Advertência - *Hypericum* não deve ser tomado junto com determinados medicamentos devido ao risco de interações medicamentosas - entre eles estão outros antidepressivos, medicamentos anticoagulantes e anticoncepcionais orais. Converse com seu médico antes de tomar produtos contendo a erva.

Suplementos minerais

Deficiências minerais são comuns em muitas partes do mundo, mesmo nas sociedades mais abastadas, e são mais comuns em pessoas deprimidas, que muitas vezes têm uma dieta inadequada.

Deficiências de minerais podem afetar a produção de neurotransmissores no cérebro.

O mineral magnésio, juntamente com a vitamina B6, é necessário para a conversão do aminoácido triptofano em serotonina, o neurotransmissor da felicidade.

A depressão associada à irritabilidade e à agitação pode fazer parte de uma síndrome de deficiência de magnésio. O magnésio costuma ser considerado um excelente relaxante, pois ajuda a reduzir a tensão muscular e nervosa e promove o sono profundo e reparador. Quando tomado regularmente, o magnésio também pode ajudar a prevenir e a reduzir os sintomas de um ataque de pânico.

Zinco é outro mineral comumente deficiente nos alimentos processados que ingerimos atualmente. A deficiência de zinco pode provocar distúrbios do apetite, fadiga e redução da libido, que podem ser sintomas de depressão.

Os solos australianos não raro são deficientes em selênio; o mesmo se aplica aos alimentos cultivados nesses solos. Um estudo cruzado duplo-cego, com duração de cinco semanas, envolvendo 50 voluntários que receberam um suplemento diário contendo selênio, ou contendo placebo, revelou que o selênio era associado ao humor. Quanto mais baixa a ingestão de selênio, maior foi a melhora do humor. O selênio também está relacionado à função imune. E a depressão severa pode enfraquecer o sistema imunológico.

Os minerais manganês e zinco também podem ajudar a reduzir os sintomas de tonteira e confusão mental que podem fazer parte do quadro de depressão e ansiedade.

A instabilidade nos níveis de glicose no sangue pode produzir provocar confusão mental, tonteira e alterações de humor desagradáveis, caracterizadas por ansiedade e irritabilidade. Além disso, podem provocar fadiga, vontade de comer doce e alterações no apetite. As pessoas portadoras da síndrome de ansiedade-depressão geralmente têm dietas pobres e consomem grandes quantidades de açúcar refinado e cafeína, que desestabilizam os níveis de glicose no sangue. Isso pode agravar seus sintomas de disfunção nervosa. A ingestão de açúcar proporciona alívio temporário para a depressão ou ansiedade, mas esses sintomas pioram mais tarde, à medida que o nível de glicose no sangue volta a cair. Suplementos dos minerais cromo e magnésio podem reduzir consideravelmente o problema e diminuir a vontade de comer doces ou outros alimentos ricos em carboidratos.

Vitaminas do complexo B

Muitas pessoas que vivem e trabalham em situações de grande estresse, que exigem alto nível de desempenho ou paciência, descobrem que doses suplementares das vitaminas do complexo B podem ajudar a lidar com tais situações. Descobri que os melhores resultados são obtidos por meio da combinação de todas as vitaminas do complexo B com seus cofatores sinérgicos, que são colina, inositol, ácido fólico e biotina. Tal combinação é encontrada na maior parte dos comprimidos de vitaminas do complexo B.

O cérebro tem grande necessidade de vitaminas do complexo B (especialmente B6) e, sem elas, não consegue produzir quantidades adequadas dos neurotransmissores serotonina e dopamina. Esses neurotransmissores controlam a energia mental, a concentração, a memória e os padrões de sono. Deficiências de vitaminas do complexo B podem causar sintomas depressivos e disfunção da medula espinhal dos nervos.

Magnésio

Durante mais de 30 anos de prática médica usei extensivamente suplementos de magnésio e descobri suas propriedades no sentido de equilibrar o sistema nervoso. O magnésio é um mineral necessário em maiores quantidades nas pessoas que sofrem de estresse e ansiedade. Isso porque o magnésio exerce um efeito calmante sobre o sistema nervoso central e auxilia o relaxamento de nervos e músculos. Quando estamos estressados, o corpo usa quantidades muito maiores de magnésio, e as pessoas deficientes em magnésio manifestam reações exageradas a pequenos estresses.

Em muitos casos, o magnésio pode reduzir bastante ou aliviar completamente muitos dos sintomas de estresse e ansiedade; além disso, ajuda as pessoas que apresentam estes problemas.

- Câimbras e dores musculares.
- Fibromialgia.
- Tremores.
- Contrações musculares.
- Problemas de sono.
- Hipertensão.
- Taquicardia e palpitações.
- Cólicas abdominais e síndrome do intestino irritável.
- Frequência urinária aumentada.
- Crises de asma.
- Enxaqueca e cefaleia tensional.
- Ataques de pânico.

Uso um comprimido que associa quatro tipos diferentes de sais de magnésio, que são: fosfato de magnésio, aspartato de magnésio, orotato de magnésio e quelato de magnésio. A dose é de dois comprimidos, duas vezes ao dia, fornecendo 292 mg de magnésio elementar puro. Evito suplementos de magnésio contendo óxido de magnésio, pois essa forma de sal de magnésio não é bem absorvida do intestino para a corrente sanguínea e daí para as células.

É possível também obter magnésio em pó ultrapotente, que contém quatro tipos diferentes de magnésio e o aminoácido taurina. Essa forma de magnésio em pó é diluída em água ou suco e deve ser tomada uma hora antes da hora de dormir. A taurina é também um agente calmante sobre nervos e músculos, melhorando assim o efeito do magnésio. Suplementos de magnésio e taurina podem ajudar as pessoas portadoras de enxaqueca, cefaleia tensional, fibromialgia, tensão muscular e epilepsia de difícil controle. O uso de suplementos de magnésio concomitantemente a anticonvulsivantes ou antidepressivos é seguro.

Os suplementos de magnésio são excelentes para pessoas sob estresse causado pela sobrecarga de trabalho físico ou mental.

Para saber mais sobre o magnésio, consulte o livro *Magnesium The Miracle Mineral - You won't believe the difference it makes to your health!*

Relatos de caso

Certo dia, um alto executivo de 49 anos, dono do próprio negócio, veio me procurar no consultório. Observei que ele apresentava um rubor na face, que se devia à hipertensão arterial, mal controlada. Apresentava um leve tremor nos braços, pernas e face, e seus reflexos eram muito abruptos. Queixava-se de dormir mal e da incapacidade de relaxar; disse viver "ligado" o tempo todo. Sofrera um colapso nervoso no passado devido à sobrecarga de trabalho e à tentativa de agradar todos os seus clientes. Era uma pessoa muito agradável, um perfeccionista, que tentava dar conta de cada detalhe para manter os clientes felizes.

Sugeri que ele tomasse quatro comprimidos de magnésio por dia, e não hesitou em experimentar esse tratamento simples e seguro, uma vez que os medicamentos só haviam sido parcialmente eficazes no seu caso e não queria se sentir sonolento. Depois de duas semanas na terapia com magnésio, ele retornou ao consultório. Fiquei impressionada com a melhora em seu bem-estar. Ele voltara a se sentir normal; estava mais relaxado e lidando muito melhor com a pressão e o estresse. Passara a dormir melhor, e o tremor desaparecera. Melhor ainda: sua pressão arterial voltara ao normal. Até hoje, ele continua tomando suplementos de magnésio e tornou-se um dos meus maiores fãs.

Passou a se autointitular "o cara do magnésio".

Um executivo de 52 anos me procurou queixando-se de dor nas pernas, insônia e dificuldade de manter a ereção. Sentia-se estressado com a sobrecarga de trabalho e a privação de sono, pois em geral dormia apenas uma ou duas horas por dia, sendo acordado por câimbras musculares e dor nas pernas. Há 15 anos, vinha se sentindo assim, e analgésicos e outros medicamentos não lhe proporcionavam alívio. O exame físico e os exames laboratoriais não revelaram problemas de fluxo sanguíneo nas pernas, cérebro ou coração; além disso, ele não estava diabético. Seus níveis de colesterol e sua pressão arterial estavam normais.

Perguntei-me então: "Será que pode ser deficiência de magnésio?" Os exames de sangue mostraram que seus níveis de magnésio estavam no limite inferior da faixa normal.

Receitei-lhe magnésio em pó ultrapotente, em uma dose de uma colher de chá diluída em água, antes de dormir. Essa dose fornecia uma quantidade elementar total de 400 mg de magnésio por colher de chá.

Esse homem não respondeu tão rápido quanto o do caso relatado anteriormente. Entretanto, passadas seis semanas, ele estava dormindo muito melhor, deslumbrado por conseguir dormir quatro ou cinco horas de sono ininterrupto pela primeira vez em 15 anos! Não sofria mais dor na perna nem câimbras musculares; sentia-se também mais relaxado. Depois de oito semanas, constatou que suas ereções haviam melhorado e duravam mais; isso se deve ao fato de o magnésio dilatar as artérias que levam sangue ao pênis.

L-triptofano

O l-triptofano é um aminoácido essencial, o que significa que deve ser obtido por meio de alimentos ou suplementos porque o corpo não o produz em quantidades necessárias. Na página 79, você encontrará uma lista das fontes de triptofano na alimentação.

No sistema nervoso, o l-triptofano é convertido no neurotransmissor serotonina, e, caso não existam quantidades adequadas de triptofano na alimentação, pode ocorrer deficiência de serotonina. A deficiência de serotonina pode causar depressão, ansiedade e insônia.

Vantagens dos suplementos de triptofano

- Podem exercer efeito calmante natural.
- Podem reduzir comportamento agressivo.
- Podem reduzir comportamentos compulsivos nos transtornos alimentares (como bulimia).
- Podem aliviar a insônia.
- Podem aliviar os sintomas da síndrome das pernas inquietas, especialmente quando associado a suplementos de magnésio e óleo de peixe.

As doses variam de um a dois gramas à noite, ou um grama duas vezes ao dia. Os suplementos de triptofano não devem ser ingeridos concomitantemente com alimentos contendo proteína, pois isso reduzirá sua absorção no cérebro. Tome o triptofano com uma bebida que não contenha proteína, como chá (sem leite), suco de frutas ou frutas.

Doses menores de triptofano, que podem ser compradas sem receita médica, não são suficientes para aliviar os sintomas de depressão ou ansiedade. A dose eficaz, de 2 gramas diários, exige receita médica. Isso porque, apesar de ser uma substância natural e não tóxica, o triptofano adquiriu fama de tóxico por causa de um lote contaminado fabricado no Japão, no final da década de 1980. Desde então, o triptofano não se encontra disponível em doses mais altas para aquisição sem receita médica.

Tirosina

Tirosina é um aminoácido encontrado nos alimentos proteicos como leite, queijo, frango, peixe, amêndoas, banana e abacate. A tirosina também pode ser produzida no corpo a partir de outro aminoácido chamado fenilalanina. A tirosina é necessária para diversas funções vitais do corpo, entre elas:

1. **Produção de substâncias químicas cerebrais.** Tirosina é a matéria-prima necessária para a produção de importantes neurotransmissores chamados dopamina e noradrenalina; esses neurotransmissores regulam o humor e as emoções.

2. **Baixos níveis de dopamina e noradrenalina foram associados a isto.**
    - Vontade de ingerir determinados alimentos (principalmente carboidratos).
    - Apetite excessivo.
    - Redução da capacidade de sentir-se saciado.
    - Redução da capacidade de sentir prazer.
    - Redução da capacidade mental e de concentração.

3. **Produção do hormônio da tireoide.** A tirosina é usada pela tireoide para a produção dos hormônios da tireoide T4 e T3. T4 consiste em tirosina ligada a quatro moléculas de iodo, e T3 consiste em tirosina ligada a três moléculas de iodo. Os hormônios da tireoide regulam a taxa metabólica e a produção de energia no organismo; portanto, a obtenção de tirosina em quantidades adequadas é essencial ao controle do peso. A tirosina faz parte da fórmula de emagrecimento Metabocel (não disponível no Brasil). Pode ser um excelente antidepressivo para pessoas com metabolismo lento, vontade excessiva de ingerir determinados alimentos e excesso de peso.

4. **Produção de melanina.** A tirosina é necessária para a produção do pigmento melanina. A melanina confere a cor à pele e aos cabelos.

5. **Analgésicos naturais.** A tirosina é necessária à produção de encefalinas pelo organismo; as encefalinas são substâncias com efeito analgésico natural no corpo.

Por que a suplementação de tirosina seria benéfica?

Um estudo realizado pelo dr. Alan Gelenberg, da Harvard Medical School, mostrou com clareza que a falta do aminoácido tirosina provocava uma deficiência do neurotransmissor noradrenalina no cérebro. Tal deficiência ocorria em determinados locais no cérebro que estão especificamente relacionados a transtornos do humor.

A tirosina pode ser um excelente antidepressivo natural e seguro; em geral, exerce um efeito estimulante. Pode elevar o humor e melhorar a concentração e o foco.

Algumas pessoas têm uma necessidade maior de tirosina do que outras. Sobrecarga de trabalho, alimentação inadequada, falta de apetite e problemas de digestão, bem como fatores genéticos, podem ser responsáveis por isso. A digestão inadequada de proteína é comum em pessoas que portadoras da síndrome do intestino irritável, gases em excesso e entre as pessoas que tomam antiácidos. O estresse crônico muitas vezes dificulta a digestão e absorção de proteínas, pois interfere na produção de enzimas digestivas e suco gástrico. Em excesso, estresse, álcool, cafeína e açúcar levam à perda de neurotransmissores no cérebro. Todos esses fatores aumentam a exigência de tirosina. Às vezes, a tirosina é mencionada como um "alimento regulador do humor", pois se trata de um suplemento de proteína que pode, de fato, melhorar o humor.

Os caminhos da produção de neurotransmissores no cérebro

Fenilalanina
↓
L-tirosina
↓
L-dopa
↓
Dopamina
↓
Noradrenalina
↓
Adrenalina

A suplementação com tirosina pode proporcionar estes benefícios.

- Aumento da capacidade de concentração e do alerta mental.
- Melhora da memória.
- Mais motivação.
- Aumento da capacidade de sentir satisfação e prazer.
- Alívio da depressão.
- Redução do apetite nas pessoas com transtornos alimentares, particularmente compulsão alimentar.
- Metabolismo mais eficiente, devido à melhora na produção do hormônio da tireoide
- Maiores níveis de energia.

Algumas pessoas que tentam se livrar da dependência de drogas e/ou álcool descobrem que a tirosina as ajuda a se desintoxicar e reduzir a vontade de retomar o hábito. A tirosina vem sendo usada com sucesso para ajudar as pessoas a superarem a dependência de cocaína.

Como tomar tirosina

O melhor é tomar a tirosina pelo menos 30 minutos antes das refeições. A dose recomendada é de 1 a 2 gramas, duas a três vezes ao dia. Algumas pessoas podem precisar de doses mais altas; por isso, consulte seu médico e peça-lhe para aumentar a dose, se doses mais baixas forem ineficazes.

A tirosina pode ser ingerida sob a forma de um pó branco puro. Não tem sabor nem odor. Esse pó pode ser ingerido diretamente de uma colher ou diluído em água ou suco.

Cuidados ao tomar suplementos de tirosina

Os suplementos de tirosina não podem ser utilizados por pessoas que tomam antidepressivos da classe dos inibidores da monoaminaoxidase

(MAO). A tirosina pode causar grave elevação da pressão arterial em pessoas que tomam esses medicamentos.

Se você sofrer de hipertensão ou depressão maníaca, entre em contato com o médico antes de tomar tirosina.

Se tiver um melanoma maligno, não tome tirosina, a não ser que o médico libere.

Dopamina e obesidade

Novas pesquisas mostram que o prazer de comer se deve à secreção do neurotransmissor dopamina no cérebro. Pesquisadores descobriram que em pessoas com excesso de peso o consumo de igual quantidade de um *milk-shake* de chocolate causou a secreção de menor quantidade de dopamina do que em indivíduos que não estavam com sobrepeso.

Em algumas pessoas com sobrepeso, existe um gene que causa a secreção de menor quantidade de dopamina. As pessoas com sobrepeso teriam uma deficiência de base genética no prazer que obtém ao comer, e isso as faz comer mais para se satisfazer. Essas pessoas necessitam comer mais para obter a mesma quantidade de dopamina e, assim, a mesma quantidade de prazer, comparadas às pessoas que não estão acima do peso. O prazer adequado com a ingestão de alimentos se chama saciedade.

Anteriormente, acreditava-se que a obesidade devia-se apenas ao comportamento – em outras palavras, comer demais e não se exercitar o suficiente. Embora isso seja parcialmente verdadeiro, sabemos hoje que esse conceito é simplista demais. Nossa relação com os alimentos é influenciada por nossos genes e os produtos químicos por eles controlados, em especial a dopamina secretada no cérebro. Assim, suplementos como tirosina, que aumentam a produção de dopamina do cérebro, podem reduzir o apetite e aumentar a quantidade de prazer obtido com certa quantidade de alimento.

SAMe

SAMe é a abreviação de S-adenosil-L-metionina. Trata-se de uma substância química natural produzida pelo fígado, necessária no organismo para um processo químico chamado metilação. A metilação é uma das últimas reações químicas na produção dos neurotransmissores serotonina, dopamina e noradrenalina.

Muitos alimentos têm altos níveis de SAMe, e nosso fígado precisa produzi-lo a partir do aminoácido metionina, encontrado em várias proteínas. São boas fontes de metionina ovos, laticínios, fígado e frutos do mar.

Você precisa de um fígado saudável porque a produção de SAMe exige várias etapas nas células hepáticas e outros nutrientes, tais como vitamina B12, vitamina B6 e ácido fólico, para ser concluída. O ácido fólico é encontrado em hortaliças frescas, e a vitamina B12 é encontrada em fontes de proteína animal, como carnes, frutos do mar, laticínios e ovos. Melhorando sua função hepática e sua alimentação, você poderá aumentar a produção de SAMe. Teoricamente, isso melhoraria o metabolismo de serotonina, dopamina e noradrenalina no cérebro, exercendo um efeito antidepressivo natural. Alguns estudos sugerem que o SAMe pode retardar a decomposição desses neurotransmissores, permitindo que atuem por mais tempo.

Algumas pesquisas indicam que pessoas não deprimidas e deprimidas que tomam suplementos de SAMe têm níveis de serotonina, dopamina e noradrenalina mais elevados, mas é difícil confirmar isso. Em pesquisas sobre o tratamento da depressão, os efeitos positivos do SAMe, em alguns casos, foram impressionantes. Tais estudos, porém, foram de pequeno porte, por isso é difícil determinar que tipo de depressão mais se beneficiará desses suplementos. Os suplementos de SAMe em altas doses são relativamente caros, e, muitas vezes é possível obter resultados igualmente bons apenas melhorando-se a função hepática.

Fígado e o estado de espírito

Você já deve conhecer o significado da palavra covarde. Talvez já tenha visto também alguém usar o termo para descrever uma pessoa que se assusta fácil.

Os antigos gregos sacrificavam um animal antes de iniciar uma batalha com o inimigo; se o fígado do animal estivesse vermelho, era um bom sinal; no entanto, se o fígado do animal estivesse pálido, era um mau sinal.

O fígado, na antiguidade grega, era associado a estes sentimentos.

- Medo.
- Incapacidade de reagir sob ataque.
- Pessoa que se assusta fácil.
- Falta de coragem.

Metaforicamente falando, o fígado é o local da raiva – em outras palavras, armazena raiva. Devo admitir que há um fundo de verdade nisso porque muitos dos meus pacientes se sentem mais alegres e positivos quando sua função hepática melhora.

Quando uma pessoa fica muito assustada ou temerosa, o organismo secreta uma grande quantidade de adrenalina para preparar o corpo fisiologicamente para uma boa luta. A adrenalina causa a constrição dos vasos sanguíneos, o que leva o sangue a ser retirado do fígado e lançado na circulação sistêmica para que haja mais sangue disponível para o coração e os músculos. Isso é obviamente necessário quando se está diante de uma boa luta! Quando o sangue é desviado do fígado durante essa reação da adrenalina, o fígado torna-se "pálido" – daí a referência ao fígado pálido para se referir a uma pessoa assustada.

É interessante imaginar o estado emocional de uma pessoa com fígado gorduroso, pois na esteatose hepática, uma condição comum, o fígado torna-se pálido pela infiltração de gordura. A gordura reduz o espaço para o sangue no fígado, e, como a gordura tem uma coloração branca a amarelada, o fígado adquire a mesma coloração.

Coragem e humor não são apenas influenciados pelo nosso estado de espírito; a nossa resistência ao estresse e ao que nos sentimos capazes de resistir têm muito a ver com a nossa saúde física.

Sendo assim, é preciso refletir sobre a possibilidade de os alimentos que ingerimos influenciarem nossa capacidade de lidar com o estresse.

Portanto, uma alimentação rica em alimentos que depurem o fígado – frutas e hortaliças cruas, ervas frescas, sucos feitos na hora, sementes e nozes – pode nos ajudar a nos sentir preparados física e mentalmente para situações de estresse, que exijam muitos de nós.

Substâncias químicas presentes no meio podem intoxicar o cérebro

O cérebro humano é um órgão gorduroso, e, por essa razão, substâncias químicas tóxicas lipossolúveis podem penetrar no cérebro e lá se acumular. Isso é particularmente verdadeiro se a exposição a tais substâncias envolver uma grande dose ou a exposição crônica repetida.

Muitas substâncias químicas lipossolúveis são feitas de produtos petroquímicos e são encontradas em produtos que usamos normalmente em nosso dia a dia. Tais substâncias afetam adversamente a função do cérebro e podem causar confusão e fadiga mental, dor de cabeça e transtornos do humor.

Locais de trabalho, lares e escritórios podem ter no ar níveis insalubres de substâncias químicas tóxicas para o cérebro.

Entre elas, encontram-se estas.

- Aerossóis.
- Desodorantes.
- Pesticidas.
- Inseticidas.
- Antifúngicos e antimofo.
- Limpadores de tapete.

- Solventes.
- Verniz.
- Tintas.
- Detergentes.

Em casas e apartamentos novos, existem artefatos, tapetes, tintas e acessórios que podem expelir odores durante anos, e podem ser tóxicos para pessoas que passem o tempo todo em ambientes fechados.

Essas substâncias químicas de odor forte emitem vapores conhecidos como compostos orgânicos voláteis (COVs). Uma vez inalados, os COVs conseguem penetrar no cérebro vulnerável.

Descobriu-se que as plantas, quando colocadas dentro de casa, podem ser eficazes na eliminação dos COVs do ar. Para uma casa de tamanho médio, acredita-se que seis plantas sejam eficazes.

Tente evitar a exposição a essas substâncias tóxicas ou minimizar seu uso. Quando possível, use agentes de limpeza orgânicos, não tóxicos e biodegradáveis. Tenha plantas dentro de casa. As plantas não só eliminarão as substâncias químicas tóxicas do seu lar como também sua cor e aparência vão melhorar o seu humor.

Capítulo 6

Princípios para uma dieta e um estilo de vida que podem auxiliar o cérebro.

Para ajudar a entender por que é importante alimentar e regar corretamente o seu cérebro, aqui estão alguns fatos impressionantes.

- O cérebro é o órgão mais gorduroso do corpo. Na realidade, contém mais de 60% de gordura.
- 75% do peso do cérebro são compostos de água – assim, se você não tiver o costume de beber bastante água, não espere que seu cérebro funcione bem!
- Existem quase 161 mil quilômetros de vasos sanguíneos no cérebro – portanto, cuide bem dos seus vasos sanguíneos.
- O cérebro tem aproximadamente cem bilhões de neurônios – é muita coisa! Se pensarmos que existem hoje 6,5 bilhões de habitantes no mundo, não é surpresa que você seja tão inteligente!
- Cada neurônio tem entre mil e 10 mil conexões com outros neurônios (é de deixar a internet no chinelo)!
- O colesterol é uma gordura vital para o cérebro, pois isola as vias neurais; se houver pouco colesterol no cérebro, seu funcionamento ficará prejudicado – como uma conexão discada, e não como a internet em banda larga.

Proteínas

Os neurotransmissores do cérebro são feitos de proteínas. Portanto, não deixe de fazer pelo menos três refeições ao dia contendo proteína de qualidade. Não precisam ser lautas refeições nem conter grandes quantidades de proteína, mas precisam fornecer os aminoácidos de que o cérebro necessita. Os aminoácidos são a matéria-prima para a proteína e são encontrados nos alimentos proteicos. Os neurotransmissores do cérebro são feitos de aminoácidos.

Todos os aminoácidos essenciais à produção de neurotransmissores são encontrados em proteínas de qualidade, como estas.

- Proteína animal de alimentos como ovos, aves, laticínios, carnes branca e vermelha, e frutos do mar.
- Proteína vegetal que, na combinação correta, pode satisfazer as necessidades de aminoácido do cérebro. É preciso combinar três dos quatro seguintes grupos alimentares em uma refeição para obter todos os aminoácidos essenciais à produção das substâncias químicas responsáveis pela sensação de bem-estar necessárias no cérebro: leguminosas, nozes, sementes e grãos. O grupo das leguminosas inclui feijões, grão-de-bico e lentilhas.

A ingestão regular de proteína impede grandes flutuações nos níveis de glicose no sangue (hipoglicemia), o que tem efeito estabilizador no humor e nos níveis de energia mental.

Reduza a ingestão de açúcar e de alimentos ricos em açúcar refinado

A ingestão de alimentos e bebidas, como chocolate, balas, bolos, *donuts* e refrigerantes, que contêm grande quantidade de açúcar, deve ser reduzida. Coma-os apenas ocasionalmente, e não todos os dias.

O excesso de açúcar desestabiliza os níveis de glicose no sangue, e, quando o açúcar fica baixo demais, podem ocorrer bruscas alterações no humor, como ansiedade ou depressão.

Grandes quantidades de açúcar podem aumentar a frequência cardíaca e causar agitação e hiperestimulação do sistema nervoso. É importante evitar consumir grandes quantidades de alimentos açucarados antes de dormir, pois eles podem causar insônia. Se sentir necessidade de comer alguma coisa antes de dormir, experimente um pedaço de queijo ou nozes.

Muitas pessoas sentem-se muito mais calmas e com mais energia quando reduzem a ingestão de açúcar e aumentam a de proteína.

Evite o adoçante aspartame, encontrado em muitos alimentos e refrigerantes *diet*. Nos rótulos desses alimentos, o aspartame costuma aparecer como aditivo alimentar 951. O aspartame é uma excitotoxina que pode perturbar seriamente o funcionamento das células cerebrais (para saber mais, visite *www.dorway.com* [site em inglês]).

Aumente o consumo de antioxidantes

O cérebro tem grande necessidade de antioxidantes, pois contém células de gordura e, como tal, é frágil e propenso a danos oxidantes causados pelos radicais livres. Os radicais livres podem atacar os neurônios, causando inflamação. Se essa inflamação se tornar crônica, podem ocorrer danos aos neurônios. Isso pode reduzir sua habilidade em produzir neurotransmissores e danificar as membranas celulares dos neurônios, interferindo em sua capacidade de transmissão de mensagens entre si, podendo provocar alterações do humor e letargia mental.

Os radicais livres são produzidos no organismo em decorrência do estresse, tabagismo, excesso de álcool, substâncias químicas tóxicas, infecções e poluição.

Os antioxidantes neutralizam os radicais livres, impedindo que eles causem danos às células do cérebro. Em situações de grande estresse, a pessoa usa os antioxidantes mais rapidamente, por isso a reposição regular se faz necessária.

Os antioxidantes mais importantes para proteger as células do nosso cérebro são estes.

- **Vitamina E** – Encontrada no gérmen de trigo fresco, cereais integrais, ovos, folhas, abacate, nozes frescas.
- **Vitamina C** – Encontrada em frutas cítricas, frutas vermelhas, *kiwi* e muitas outras frutas frescas.
- **Selênio** – Devido ao solo deficiente em selênio e à produção em massa de alimentos (inclusive peixes criados em cativeiro), é difícil obter esse mineral em quantidades suficientes por meio da alimentação; sendo assim, sugiro sua suplementação com 100 mcg diários. Entre as fontes alimentares de selênio estão brócolis, *champignon*, repolho, cebola, alho, rabanete, levedo de cerveja, peixes e miúdos.

As **substâncias fitoquímicas** são antioxidantes poderosos encontrados em frutas e hortaliças frescas. Incluem substâncias químicas contendo enxofre (como glicosinolatos e isotiocianatos), clorofila, antocianidinas e muito mais. Os pigmentos que conferem às frutas e hortaliças sua coloração brilhante também são poderosos antioxidantes. Experimente comer diariamente uma salada grande de hortaliças de cores variadas. Lembre-se também de comer duas frutas por dia. Opte pelas frutas da estação.

Óleos prensados a frio, como azeite de oliva, óleo de abacate e óleo de macadâmia conferem sabor às saladas e fornecem gorduras benéficas ao cérebro.

Ervas frescas são ricas em antioxidantes e em magnésio e podem ser usadas em saladas e em sucos. Cultivar ervas em casa pode ser muito terapêutico e divertido. Sugiro que você cultive as seguintes ervas: salsa, hortelã, manjericão, coentro, tomilho, alecrim, chalotas e cebolinha. A hortelã é excelente para elevar o humor e desintoxicar. O tomilho é um ótimo antibiótico natural, e a cebolinha, o coentro e o manjericão são tônicos hepáticos.

Comer ervas e hortaliças frescas ou ingeri-las sob a forma de sucos é importante para ter um fígado saudável, e, melhorando a função hepática, é mais fácil superar a depressão. Metafisicamente falando, o fígado é o "local da raiva", por isso, se o fígado estiver sobrecarregado ou intoxicado, você vai se sentir mais zangado, irritadiço e mal-humorado. A raiva reprimida pode se transformar em depressão, e muitos terapeutas naturais recomendam uma boa desintoxicação do fígado e dos intestinos para livrar a mente das toxinas irritantes. Acredito que essa linha tem grande mérito; melhorar a função hepática por meio da ingestão de maior quantidade de frutas, hortaliças e ervas frescas muitas vezes eleva a mente e o espírito. Por razões semelhantes, talvez o uso de um bom tônico hepático possa melhorar seu humor.

Gorduras saudáveis para o cérebro

A depressão e a ansiedade podem se agravar muito se não houver na alimentação quantidades adequadas dos ácidos graxos essenciais. Os ácidos graxos mais importantes para o cérebro são os ácidos graxos ômega-3 conhecidos como EPA e DHA. O corpo não os produz – exatamente por isso são considerados essenciais!

Estudos mostraram que, em pessoas deprimidas que têm uma alimentação inadequada, desprovida de ácidos graxos ômega-3 ou que os ingerem em quantidades insuficientes, obtêm-se melhoras notáveis na saúde mental e emocional com a suplementação de óleo de peixe. O mapeamento do cérebro dessas pessoas deprimidas revelou que o tamanho do cérebro aumentou após a administração de suplementos de óleo de peixe, em especial as áreas do cérebro relacionadas à emoção e à memória.

Não fiquei surpresa com as descobertas desses estudos, pois, quando pensamos na composição do cérebro, a conclusão é bastante lógica. Se eliminarmos o conteúdo de água do cérebro humano, descobriremos que aproximadamente 70% de sua massa sólida são compostas de lipídeos, mas não são lipídeos quaisquer. Afinal, quem ia querer um cérebro feito de margarina ou óleo barato? Os ácidos graxos ômega-3 são o tipo de gordura predominante no cérebro. Existem também grandes quantidades de colesterol puro no cérebro. Outras gorduras presentes no cérebro são fosfolipídeos e ácidos graxos ômega-6. O cérebro é o órgão mais gorduroso e oleoso do corpo, e assim deve ser.

Assim, se você sofre de depressão e/ou ansiedade, ou se tem problemas cognitivos, analise sua alimentação. Você costuma comer peixes oleosos, como salmão, sardinha, atum, cavala, arenque, anchova etc.? Se não costuma, talvez uma deficiência de ácidos graxos ômega-3 pode estar deixando você em depressão.

Por razões semelhantes, não sou fã da mania de dietas com baixo teor de gorduras, pois esse tipo de dieta não fornece ao tecido cerebral a quantidade suficiente de gordura; isso pode aumentar o risco de depressão, ansiedade e demência. Descobriu-se uma associação entre níveis muito baixos de colesterol no sangue (menos de 72 mg/dl) e a maior incidência de depressão.

Se você não ingerir peixes oleosos em quantidade suficiente, recomendo suplementos de óleo de peixe (o ideal seria em forma líquida); hoje existem suplementos líquidos de óleo de peixe com sabor de limão ou laranja. Se você definitivamente não suporta o sabor do óleo de peixe, opte pelas cápsulas. Geralmente, para pessoas deprimidas, recomendo de 2.000 mg a 4.000 mg diários de óleo de peixe de alta qualidade. Nas pessoas com uma alimentação muito ruim, doses mais altas, de 6.000 mg a 8.000 mg ao dia, podem ser necessárias para aliviar a depressão.

Se você guardar o óleo de peixe na geladeira e tomá-lo pouco antes de comer, não terá problemas digestivos nem sentirá aquele sabor residual desagradável. Prefiro a forma líquida do óleo de peixe, especialmente nos casos em que há necessidade de doses altas. Isso porque as cápsulas gelatinosas de óleo de peixe contêm substâncias que podem causar alergias ou problemas digestivos quando tomadas em grandes quantidades e durante períodos longos. Meus óleos de peixe preferidos são os de alta qualidade, com sabor de lima-limão, e vêm em um vidro. São mais caros, e nem todos podem arcar com seu custo; nesses casos, há sempre as cápsulas. O óleo de *krill* também é uma boa fonte de ácidos graxos ômega-3. O *krill* é um pequeno crustáceo, parecido com o camarão, encontrado nas águas frias dos oceanos.

Se você tem intolerância ou alergia a peixes ou a óleo de peixe, opte por tomar óleo de semente de linhaça em forma de líquido ou em cápsulas. Verifique se o óleo de linhaça é de boa qualidade e guarde o frasco na geladeira depois de aberto. A dose usual varia de 2.000 mg/dia a 4.000 mg/dia. Verifique no rótulo a quantidade de líquido ou de cápsulas contida no frasco.

Há quem odeie suplementos de óleo. Para essas pessoas, sugiro aumentar a ingestão de ácidos graxos essenciais tomando diariamente uma a duas colheres de sopa de semente de linhaça moída. Você pode comprar as sementes de linhaça e moê-las no liquidificador ou comprá-la já em forma de pó; nesse caso, verifique se está fresca. A semente de linhaça em pó deve ser guardada na geladeira, pois os ácidos graxos são frágeis e tornam-se rançosos com facilidade; uma vez rançosos, tornam-se inúteis. Lá em casa, guardo a linhaça em pó no *freezer*; dura bastante tempo. Acrescente-a aos cereais frios, iogurte, vitaminas e sucos. Até as crianças gostam de seu sabor.

A circulação cerebral

A ingestão de óleo de peixe, seja sob forma líquida ou de cápsulas, ajuda a melhorar a circulação de sangue para o cérebro, o que melhora o suprimento de oxigênio cerebral. O oxigênio é necessário para a produção de neurotransmissores. Se você for alérgico a óleo de peixe, tome óleo de semente de linhaça prensado a frio ou semente de linhaça moída para melhorar a circulação. A vitamina C é essencial para ter uma circulação saudável e vasos fortes, um motivo a mais para consumirmos frutas cítricas, frutas vermelhas, *kiwi* e pimentas. Condimentos como pimenta chili, pimenta-de-caiena, gengibre e cúrcuma estimulam e melhoram a circulação e podem ser revigorantes. Alimentos como rabanete, alho, cebolinha e cebola ajudam a afinar o sangue e, com isso, melhoram a circulação.

Os suplementos de magnésio melhoram o tônus muscular nas artérias e podem aumentar a microcirculação de sangue rico em oxigênio para as células do cérebro. Se você sofrer de hipertensão, é essencial controlar a pressão, pois a hipertensão descontrolada danifica a circulação cerebral e aumenta a incidência de acidentes vasculares cerebrais. Diminuindo a viscosidade do sangue com óleo de peixe, peixes oleosos e/ou óleo de semente de linhaça e outros alimentos e condimentos mencionados anteriormente, é possível melhorar muito a circulação de cerebral e reduzir o risco de acidentes vasculares cerebrais.

A prática regular de exercícios melhora o condicionamento cardíaco e a forma física em geral, melhorando também a circulação cerebral.

Agora que você já sabe que existem 161 mil quilômetros de quilômetros de vasos sanguíneos no cérebro, sabe o quanto que o cérebro depende da circulação de sangue rico em oxigênio para os seus neurônios!

Hidrate-se!

A ingestão inadequada de água pode ter muitos efeitos adversos sobre a saúde, e, no que diz respeito ao cérebro, a hidratação é essencial. Basta constatarmos que 75% do cérebro são feitos de água. As pessoas deprimidas em geral consomem muitos refrigerantes contendo café ou cafeína. Tais bebidas podem causar desidratação e não substituem a água. Desidratadas, as células do cérebro não executam bem suas funções; a falta de água também pode tornar o sangue mais concentrado, reduzindo a circulação cerebral. Tente beber pelo menos 8 copos de água por dia; o ideal seria beber 2 litros de água ao dia para otimizar a função cerebral. Chás de ervas podem ser classificados como água, mas não exagere no açúcar, ou eles poderão causar desidratação. Experimente usar estévia ou xilitol no lugar do açúcar para adoçar as bebidas. O aumento da ingestão de água não só eleva o nível de energia mental e melhora o humor como também reduz dores em geral, além da dor de cabeça.

Neurônios

A eficiência de células cerebrais altamente especializadas conhecidas como neurônios exige grandes quantidades de gorduras, em especial ácidos graxos ômega-3, fosfolipídeos e colesterol. Se houver deficiência dessas gorduras no seu cérebro, seu funcionamento será prejudicado, deixando-o propenso à depressão.

Nutrientes antidepressivos	Fontes alimentares
Ácidos graxos ômega-3	Peixes gordurosos (salmão, sardinha, cavala, anchova, atum, truta, arenque), óleo de peixe, óleo de *krill*, sementes de linhaça, nozes, verduras, ovos orgânicos.
Magnésio	Verduras, ervas, nozes, sementes, melaço, algas.
Zinco	Frutos do mar, missô, carne vermelha, fígado, cogumelo, verduras.
Vitamina D	Luz solar, peixes gordurosos, fígado, óleo de fígado de bacalhau, leite, ovos.
Vitamina B12 (cianocobalamina)	Carne, frutos do mar, laticínios, ovos orgânicos ou de aves criadas na roça, aves.
Vitamina C	Frutas cítricas, pimenta, salsa, *kiwi*, frutas vermelhas, mamão papaia, manga, tomate.
Vitamina B3 (niacina)	Aves, frutos do mar, carne vermelha, fígado, tomate, alface, cogumelos.
Vitamina B1 (tiamina)	Atum, ervilhas, berinjela, sementes de girassol, cogumelo, aspargos, espinafre, aipo.

Nutrientes antidepressivos	Fontes alimentares
Vitamina B2 (riboflavina)	Laticínios, ovos, cogumelos, fígado, aspargos, brócolis, acelga.
Vitamina B5 (ácido pantotênico)	Ovos, iogurte, morango, tomate, sementes de girassol, fígado, cogumelo, brócolis, couve-flor.
Vitamina B6 (piridoxina)	Cogumelo, repolho, banana, alho, pimenta, frutos do mar, espinafre, couve-flor, aspargos.
Ácido fólico	Verduras, couve-flor, aspargos, lentilhas.
Potássio	Moluscos, cogumelo, pepino, abóbora, erva-doce, acelga, espinafre, alface, banana, a maioria das frutas.
Triptofano	Frutos do mar, aves, carne, laticínios, abacate, ovos, gérmen de trigo, banana.
Tirosina	Leite e queijo, aves, peixes, amêndoas, banana, carne vermelha, abacate, ovos.
Iodo	Frutos do mar, sal iodado, peixes selvagens (não criados em fazendas de peixes).
Alimentos ricos em dopamina e noradrenalina	Abacate, feijão-de-lima, banana, amêndoas, sementes de abóbora, sementes de gergelim, queijo.

Chás de ervas

O excesso de bebidas contendo cafeína pode causar ansiedade, irritabilidade e problemas de sono. Uma boa alternativa às bebidas cafeinadas é o café do dente-de-leão, que é bom para o fígado, e/ou chás de ervas adoçados com uma pequena quantidade de mel, estévia ou xilitol.

Algumas ervas têm um efeito calmante e nutritivo sobre o sistema nervoso; entre elas estão estas.

Camomila, lúpulo, hortelã-pimenta, flores de alfazema, folhas de amora-preta, folhas de morango selvagem, frutos da roseira, girassol, rosas, folhas de sálvia, erva-cidreira, flores de laranjeira, cascas de frutas cítricas e hibisco.

Mime-se!

Muitas vezes, um dos sintomas da depressão é a perda do prazer pelas coisas simples da vida e do interesse em se permitir sentir prazer.

A seguir estão algumas ideias de mimos que podem reanimar seus sentidos e ajudá-lo a relaxar.

1. **Tome um banho quente com uma xícara de chá de sais de Epsom.** Relaxa os músculos e os nervos e reduz a pressão arterial. Outra boa alternativa são estes óleos essenciais no banho quente.

- Alfazema – 3 gotas.
- *Ylang ylang* – 3 gotas.
- Manjericão – 2 gotas.
- Gerânio – 2 gotas.
- *Grapefruit* – 2 gotas.

Encha a banheira com água quente ou morna, acrescente os óleos essenciais. Feche a porta do banheiro e relaxe. Acenda uma linda vela, coloque sua música relaxante preferida, desligue-se de tudo e aproveite!

2. **Marque uma massagem.**

3. **Experimente a aromaterapia**, pois o sentido do olfato é recebido e processado nos lóbulos temporais do cérebro, e esses lóbulos têm conexões diretas com partes do cérebro responsáveis pelas emoções fortes, memórias passadas e julgamentos. Vários óleos essenciais podem retardar os padrões das ondas cerebrais e produzir sensações de relaxamento e calma. Seu método de ação é semelhante ao dos medicamentos sedativos, mas muito mais suave.

Entre os óleos adequados para usar no difusor estão estes.

Sálvia esclareia, manjerona, néroli, *ylang ylang*, vetiver, rosa, alfazema, camomila romana, *helichrysum*, limão, mandarina, nardo e olíbano.

Peça a seu parceiro para lhe fazer uma massagem com esta mistura de óleos aromáticos.

- *Petitgrain* – 6 gotas.
- Laranja – 5 gotas.
- Néroli – 4 gotas.

Acrescente a mistura acima a 15 ml de óleo de amêndoa e misture bem.

Compre um difusor no qual possa queimar uma combinação calmante de óleos essenciais.

Escolha dois ou três destes óleos para queimar ao mesmo tempo.

- *Salvia esclareia* – 10 gotas.
- Alfazema – 18 gotas.
- Jacarandá – 15 gotas.
- Camomila romana – 12 gotas.
- *Ylang ylang* – 10 gotas.
- Manjerona – 8 gotas.
- Gerânio – 12 gotas.

Misture em um pequeno recipiente de vidro e agite bem. Adicione ao difusor.

Uma poderosa mistura de óleos para acalmar a mente é esta.

- 4 gotas – lima.
- 4 gotas – sândalo.
- 6 gotas – bergamota.

Misture todos os óleos acima e use-os em um difusor ou coloque cinco ou seis gotas na água do banho.

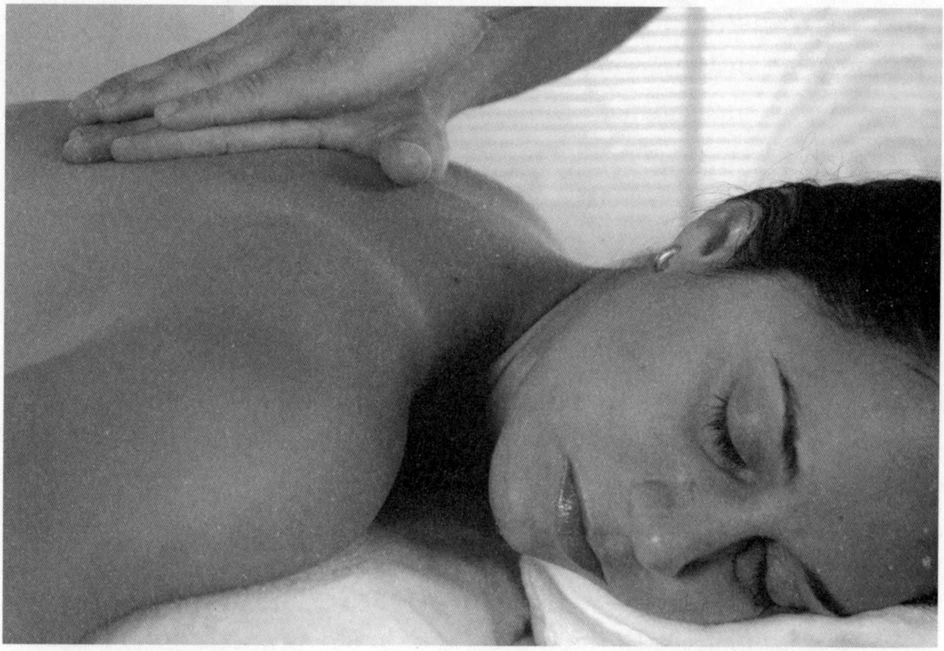

Dormir é essencial

O sono é uma válvula de escape para um sistema nervoso sobrecarregado. Se você não tiver um sono profundo e reparador regularmente, seu sistema nervoso e a função da glândula suprarrenal vão se deteriorar. A depressão e a ansiedade estão associadas a desequilíbrio nos neurotransmissores e hormônios, e esses desequilíbrios muitas vezes causam ou exacerbam a insônia. Os antidepressivos restauram o ciclo de sono normal, mas os remédios para dormir e sedativos causam dependência e devem ser usados durante um tempo limitado. O excesso de álcool interrompe o ciclo de sono.

Descobri que, muitas vezes, o sono se torna um problema para as mulheres durante e depois da menopausa, pois é interrompido por ondas de calor, sobreaquecendo o corpo e fazendo-as transpirar excessivamente. Às vezes, esse superaquecimento se deve à falta de estrogênio e pode ser corrigido com cremes naturais bioidênticos para reposição hormonal.

O superaquecimento do corpo e a interrupção do sono também podem ser sinal de disfunção hepática, especialmente nas pessoas com uma alimentação inadequada, fígado gorduroso ou dependência alcoólica. Felizmente, podemos melhorar facilmente a função hepática com um tônico para o fígado vendido sem receita médica: basta aumentar a presença de salada de hortaliças cruas e de frutas na alimentação e reduzir a ingestão de açúcar e carboidratos. As causas mais comuns de disfunção hepática são o excesso de açúcar na alimentação, o excesso de álcool e o uso concomitante de muitos medicamentos. Portanto, mais uma vez vimos a importância de um fígado saudável para o sono profundo, saudável e reparador, o controle da temperatura corporal e o humor.

Melatonina – o hormônio do sono

A melatonina é o hormônio natural do sono produzido por uma glândula do tamanho de uma ervilha denominada glândula pineal. A glândula pineal está situada no meio do cérebro. Quando os olhos são privados de luz, a glândula pineal é ativada e passa a secretar melatonina, fazendo-nos sentir sonolentos e relaxados. Durante o sono noturno normal, os níveis de melatonina (não comercializada no Brasil) permanecem elevados por cerca de 12 horas (geralmente entre as 21 horas e as 9 horas). As luzes artificiais em casa e das televisões, computadores etc., reduzem a produção de melatonina.

Os suplementos de melatonina podem ser úteis nos casos de insônia; doses variam de 1 mg a 3 mg ingeridas duas horas antes da hora de dormir. Os suplementos precisam de receita médica.

Os suplementos de magnésio podem melhorar o sono e reduzir as palpitações, a tensão muscular, as câimbras noturnas e a síndrome das pernas inquietas.

Entre os medicamentos à base de ervas que podem auxiliar o sono estão alface selvagem (30 mg a 120 mg antes de dormir), lúpulo (30 mg a 120 mg antes de dormir) e valeriana (200 mg a 800 mg antes de dormir).

Para saber mais sobre problemas de sono, consulte o livro *Tired of not sleeping? Holistic remedies for a good night's sleep.*

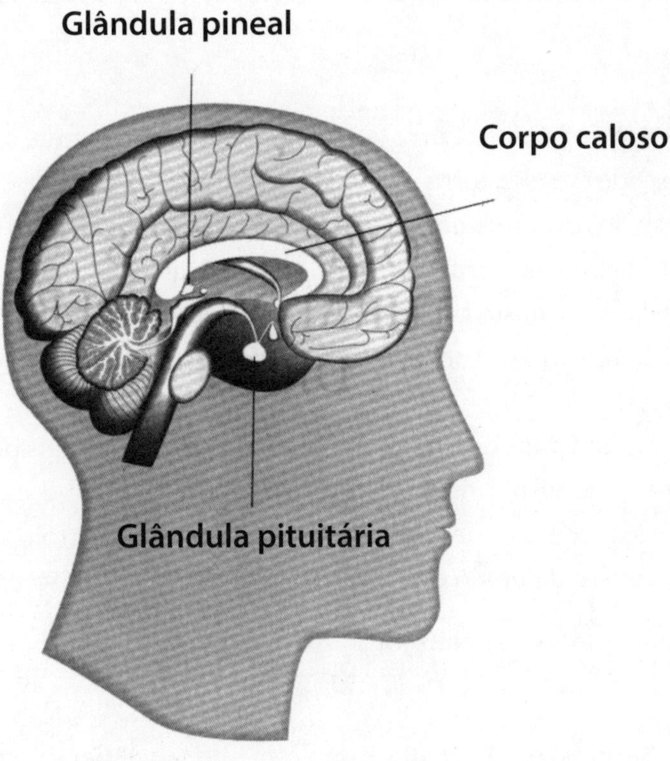

Capítulo 7

Crises de pânico

Mecanismos de defesa psicológicos

A crise de pânico ocorre quando o nível de ansiedade, e consequentemente de estresse, torna-se intolerável. Essa sobrecarga de estresse causa colapso dos mecanismos de defesa, que nos ajudam a lidar com os problemas habituais, perdendo assim a capacidade de manter a ansiedade controlada. A ansiedade acaba tomando conta da mente consciente, provocando uma crise de pânico ou uma crise de ansiedade aguda (histeria).

Os mecanismos psicológicos de defesa foram definidos pela primeira vez pelo famoso psiquiatra e neurologista Sigmund Freud. Freud descreveu como o inconsciente mantém sob controle os conflitos psicológicos, de modo que a pessoa possa continuar a viver.

Esses mecanismos de defesa psicológicos incluem estes aspectos.

- **Supressão:** a mente simplesmente suprime o conflito e a ansiedade.
- **Racionalização:** a mente desenvolve um diálogo lógico próprio sobre o motivo pelo qual as coisas estão tão ruins, e esses argumentos são mais aceitáveis para você do que a realidade de uma situação.
- **Sublimação:** a mente transforma a ansiedade do conflito em sintomas físicos como dor de cabeça, síndrome do intestino irritável, dores musculares e outros males físicos.

Há outros mecanismos de defesa além desses; no entanto, esses três servem para mostrar como o subconsciente e o ego trabalham juntos, mesmo na presença de conflitos psicológicos profundamente arraigados.

Quando a ansiedade não pode mais ser controlada, instala-se um estado de ansiedade aguda ou a crise de pânico. Durante uma crise de pânico, o organismo é rapidamente inundado pelos hormônios adrenalina e noradrenalina.

Efeitos do excesso de adrenalina

- Estimula e prepara o cérebro para a reação de luta ou fuga.
- Aumenta a frequência cardíaca, acelerando o coração e o pulso.
- Acelera o ritmo da respiração.
- Eleva a pressão arterial.

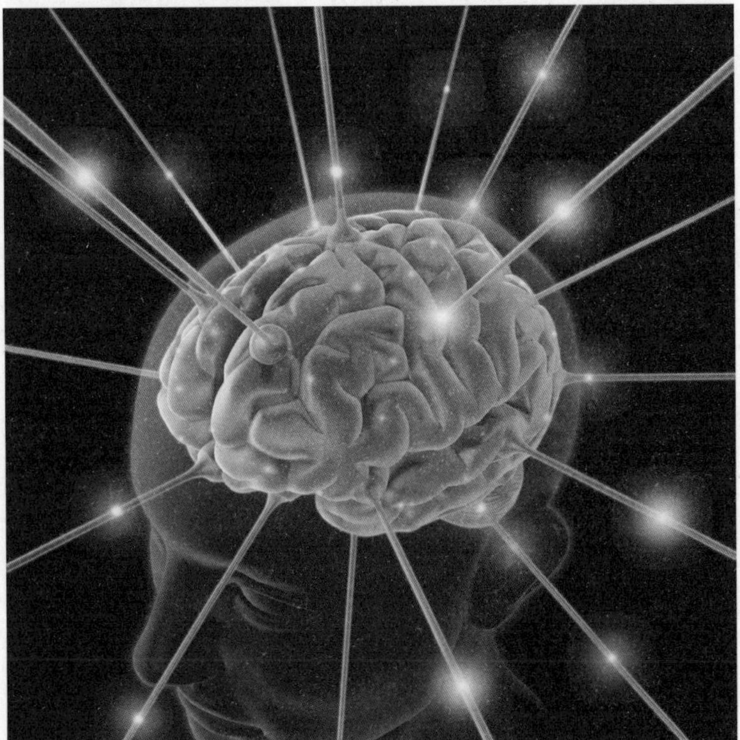

Sintomas da crise de pânico

- Uma sensação de latejamento dentro do peito (mas não dor no peito).
- Fraqueza extrema dos membros.
- Tremor dos membros.
- Falta de ar ou dispneia.
- Parestesia, formigamento e entorpecimento.
- Espasmo involuntário nas mãos e pés – conhecido como espasmo carpopedal.
- Tonteira e confusão mental.
- Náusea.
- Intenso medo do desconhecido.
- Sensação de perda de controle e desamparo.
- Sensação de morte iminente.
- Sensação de que uma emergência médica grave está prestes a acontecer.

Quando a pessoa que sofre de pânico não consegue encontrar alívio, podem ocorrer agitação extrema e colapso. A crise de pânico é provocada pela reação de vários órgãos do organismo aos efeitos do excesso de adrenalina. A crise de pânico não causa problemas médicos graves ou significativos e não é consequência de um infarto ou doença pulmonar. É importante que uma pessoa propensa a crises de pânico entenda o que está acontecendo com seu organismo durante uma crise, pois, caso contrário, os sintomas amedrontadores e desagradáveis do excesso de adrenalina podem agravar intensamente a crise de pânico. A pessoa pode então ter a percepção ilusória de que está enfrentando um ataque cardíaco ou tem a sensação de morte iminente. Nenhuma dessas coisas acontecerá durante uma crise de pânico.

O que fazer durante uma crise de pânico?

Durante uma crise de pânico, é importante dizer a si mesmo que se trata dos efeitos do excesso de adrenalina. Aqui estão algumas técnicas de autoajuda para reduzir a duração da crise e diminuir a gravidade dos sintomas.

1. **Encontre um lugar calmo,** deite-se e respire lenta e profundamente – tente eliminar os pensamentos recorrentes, concentrando-se apenas na respiração – ao inspirar, sinta sua energia e força voltando; ao expirar, sinta o estresse saindo do seu corpo.

2. **Se o coração estiver acelerado demais,** há uma técnica à qual você pode recorrer para reduzir o ritmo cardíaco chamada *manobra de Valsalva*. Não tente realizar a manobra sem antes consultar seu médico. A manobra pode não ser segura para quem sofreu recentemente um ataque cardíaco ou sofre de doença coronariana. Para realizar a manobra, deite-se, respire fundo e prenda a respiração; em seguida, aumente a pressão dentro do peito, expirando sem deixar o ar sair. Para isso, mantenha os lábios e o nariz fechados e tente respirar ou forçar o ar para fora do peito. Mantenha a pressão no peito até que os batimentos cardíacos voltem a um ritmo normal e agradável. A manobra de valsava é uma técnica conhecida para reduzir o ritmo cardíaco e baseia-se na fisiologia. Ao realizá-la, você aumenta a pressão dentro da cavidade peitoral e, com isso, reduz o retorno do fluxo do sangue venenoso para o coração; isso, por sua vez, reduz o ritmo cardíaco. Deite-se antes de realizar a manobra; caso contrário, você pode desmaiar.

3. **Deite-se ou sente-se,** reduza o ritmo da respiração, contando até três a cada da respiração. Se você respirar rápido demais durante uma crise de pânico, reduzirá os níveis do dióxido de carbono na corrente sanguínea, o que fará com que os níveis de cálcio

disponíveis no sangue caiam rapidamente. Esses níveis baixos de cálcio podem provocar espasmos involuntários, desconfortáveis e até dolorosos nas mãos e pés, além de formigamento e entorpecimento nos dedos das mãos e pés e em volta da boca. Nada de ruim ou perigoso está acontecendo no seu corpo. Você está apenas respirando rápido demais.

Em minha opinião, uma boa analogia para uma crise de pânico seria um voo em dia de tempestade. Piloto há muitos anos e já voei com tempo ruim. Os pilotos são treinados para evitar as tempestades; no entanto, às vezes, é necessário voar muito próximo delas, especialmente quando há uma sucessão delas (fenômeno conhecido como sistema frontal). O piloto vê o mau tempo diante de si e se prepara para atravessá-lo, diminuindo a velocidade do avião, prendendo os objetos soltos na cabine e colocando o cinto de segurança. Logo que penetra nas nuvens escuras da tempestade, inicia-se uma grande turbulência, e tudo fica difícil; seus níveis de adrenalina sobem ligeiramente. No final, em geral depois de 5 a 15 minutos, o avião chega ao outro lado das nuvens de tempestade com tempo claro; as coisas então estão muito mais calmas, e o piloto relaxa.

Assim como nas nuvens da tempestade, a crise de pânico não dura para sempre e logo você chegará ao outro lado em um estado emocional mais claro, calmo e nítido. Durante a duração da "tempestade" da crise de pânico, é importante reconhecer que ela existe; sim, está acontecendo, encare-a, não tente lutar contra ela, entenda que é apenas temporária e tente relaxar. Você chegará ao outro lado – basta experimentar as técnicas mencionadas anteriormente para relaxar até a crise passar. Tente escorregar ou flutuar através dela. Você sairá dela mais forte, como um piloto que precisa aprender a atravessar com segurança uma tempestade para ganhar experiência. Vai ficar mais forte e saberá se controlar melhor, aprendendo a lidar com essas crises de pânico.

Capítulo 8

Hormônios e depressão

Os desequilíbrios hormonais podem ser responsáveis por alguns tipos de depressão e ansiedade. Já vi isso inúmeras vezes ao longo de mais de 30 anos de medicina, mas não consigo deixar de me surpreender com o efeito benéfico que as terapias com hormônios naturais podem exercer sobre o estado emocional e mental de meus pacientes.

Progesterona, o hormônio da calma e da alegria

A progesterona é um hormônio sexual produzido pelos ovários durante a segunda metade do ciclo menstrual e, em grandes quantidades, durante a gravidez. Exerce um efeito calmante e pode proporcionar tranquilidade e estabilidade. O cérebro tem receptores para muitos hormônios, e é por isso que os hormônios naturais podem ser tão benéficos para os transtornos de ordem emocional.

Se você acha que seu humor piora nas semanas que antecedem a menstruação, provavelmente vai se beneficiar com a progesterona natural. A deficiência de progesterona é muito comum em mulheres hoje porque muitas adiam a gravidez e têm menos gestações. Essa deficiência pode causar mau humor, ansiedade, irritabilidade, pensamentos irracionais e depressão. Também pode causar problemas físicos, como sangramento menstrual intenso e/ou doloroso, endometriose, miomas, aumento do risco de câncer, dores de cabeça pré-menstruais, síndrome do ovário policístico e infertilidade sem causa aparente.

A deficiência de progesterona é comum nestes grupos.

- Mulheres jovens com problemas menstruais.
- Mulheres depois de dar à luz – deficiência associada à depressão pós-parto.
- Mulheres que tiveram abortamentos espontâneos.
- Mulheres na perimenopausa.

Em geral, não é útil realizar exames de sangue ou de saliva para provar a existência de uma deficiência de progesterona; os médicos experientes nessa área detectam a deficiência analisando o histórico da paciente. Manter um registro menstrual dos sintomas e mostrá-lo ao médico pode ajudar a identificar a exacerbação dos sintomas pré-menstuais. Para saber mais, consulte meu livro *Don't Let Your Hormones Ruin Your Life.*

A boa notícia é que a terapia com progesterona natural muitas vezes pode aliviar esses tipos de depressão de origem hormonal nas mulheres. Seria de se esperar, portanto, que os médicos receitassem progesterona natural para esses problemas diversos e comuns. Na verdade, poucos médicos receitam progesterona natural porque ela não pode ser patenteada pela indústria farmacêutica. Sendo assim, não é oferecida aos médicos, e eles acabam não tomando conhecimento de sua utilização ou seus benefícios. É uma pena, e resulta em muito sofrimento desnecessário.

A melhor maneira de administrar progesterona natural é em forma de creme, que pode ser usado na parte superior interna do braço ou na parte superior interna da coxa. O creme pode ser usado uma ou duas vezes por dia, e as doses necessárias variam entre 20 mg e 400 mg por dia. Você vai precisar de receita médica para comprar a progesterona natural, pois ela é transformada em creme em farmácias de manipulação. A progesterona natural é muito segura e geralmente não tem efeitos colaterais. Se forem utilizadas doses excessivas de progesterona, os únicos efeitos colaterais serão flatulência, sangramento de escape, constipação e sensação extrema de relaxamento. Em casos de depressão pré-menstrual, depressão climatérica ou depressão pós-parto severas, talvez seja necessário recorrer a um antidepressivo junto com o creme de progesterona.

Depressão pós-parto

A depressão pós-parto é uma forma grave de depressão que afeta de 10 a 16 % das mulheres no puerpério (período pós-parto). É causada por alterações hormonais, psicológicas e pelo estilo de vida. Após a expulsão da placenta, os hormônios sexuais no corpo feminino caem para níveis baixíssimos, e algumas mulheres são muito sensíveis a essas mudanças. A amamentação faz com que a produção hormonal dos ovários permaneça desativada, de modo que os baixos níveis de hormônios sexuais persistam. A depressão pode começar durante a gravidez, quando muitas vezes vem acompanhada de ansiedade; portanto, um termo mais apropriado seria depressão perinatal.

Após o parto, sintomas como mau humor, vontade de chorar, medo de ser uma mãe ruim e de não ser capaz de lidar com o bebê são comuns e muitas vezes são temporários, quando são conhecidos como tristeza pós-parto (*blues* puerperal). Se esses sintomas persistirem por mais do que algumas semanas ou forem intensos, é provável que seja diagnosticada uma depressão pós-parto. Se a mulher permanecer deprimida após o parto e não for capaz de viver como mãe, o uso de um antidepressivo pode lhe salvar a vida. A paciente deve ser cuidadosamente supervisionada, e a hospitalização pode ser necessária, pois há sempre o perigo de a mãe sofrer compulsões de machucar a si mesma ou ao filho recém-nascido. O suporte familiar, sem pré-julgamentos de familiares e amigos, é de vital importância.

Mulheres deprimidas muitas vezes não percebem que estão deprimidas e podem concentrar os sentimentos negativos no comportamento do bebê – por exemplo, elas dizem coisas como: "Essa criança não dorme." Ou: "Ele não para de chorar". Ou: "Ele não pega a mamadeira". Em tais casos, a mãe – especialmente uma mãe de primeira viagem ou uma mãe mais velha – pode ter expectativas irrealistas para o comportamento do bebê normal. É importante que os médicos e familiares ouçam essas preocupações com sinceridade, e não com desdém. Alguns bebês são difíceis e exigentes, e a mulher pode precisar de apoio para se tranquilizar e aprender que o período pós-natal é caracterizado por privação de sono, intenso cuidado e adaptação, e que é preciso desenvolver estratégias de sobrevivência. Alimentar o bebê, alimentar-se e exercitar-se adequadamente, bem como aproveitar todas as oportunidades para descansar e dormir, são as maiores prioridades.

A terapia com progesterona natural pode ajudar a aliviar a depressão e pode ser administrada junto com antidepressivos. A progesterona é mais bem utilizada na forma de creme, e as doses variam entre 20 mg e 400 mg por dia.

Se houver fadiga intensa, cápsulas de DHEA podem restaurar a energia e elevar o humor, muitas vezes uma semana após o início da administração. As doses de DHEA variam de 10 mg a 30 mg por dia (não comercializada no Brasil).

De um modo geral, o uso de progesterona natural e/ou DHEA não interfere na amamentação, e seu uso é seguro até que a depressão passe, o que pode levar alguns meses.

Se a fadiga ou outros sintomas físicos forem predominantes, é importante afastar a possibilidade de haver outros problemas de saúde, como distúrbios da tireoide, anemia, exaustão da glândula suprarrenal, doenças autoimunes e deficiências nutricionais, que tenham tratamento específico. Não se pode partir do pressuposto de que a fadiga é apenas um sintoma de depressão.

Se a paciente decidir não amamentar, outros hormônios podem ser úteis para aliviar a depressão pós-parto. Podem-se realizar exames de sangue para dosar os níveis de testosterona e estrogênio e, se esses ainda estiverem baixos oito semanas após o parto, pode-se usar um creme contendo estrogênio natural e/ou testosterona (comercializada no Brasil somente sob a forma de gel e adesivos transdérmicos). O estrogênio e a testosterona restauram a libido e melhoram o humor; se forem usadas pequenas doses na forma de creme, não há aumento do risco de ocorrerem tromboses. O estrogênio não pode ser usado se a mulher estiver amamentando, pois pode reduzir a quantidade de leite materno.

Suplementos de óleo de peixe, magnésio, ferro e vitaminas do complexo B podem ajudar a aliviar a depressão pós-parto e a fadiga.

Não deve haver pressa na retirada de antidepressivos ou terapia hormonal em mulheres com depressão pós-parto, pois se trata de uma forma grave de depressão, e é vital evitar a recidiva. Embora o infanticídio e o suicídio sejam incomuns, é importante reconhecer que a depressão pós-parto é a principal causa de morte materna relacionada com o suicídio e que o risco de infanticídio é maior durante o primeiro ano de vida.

Os médicos têm o cuidado de estabelecer a diferença entre depressão e psicose pós-parto, que surge nos primeiros dias ou semanas após o parto. Mulheres com psicose pós-parto têm fortes delírios, alucinações e ficam muito confusas, agitadas e hiperativas. Durante a psicose pós-parto, a mãe e a criança estão em alto risco, e internação e medicação são essenciais para evitar resultados trágicos. A psicose pós-parto tem maior probabilidade de ocorrer em mulheres com histórico familiar ou antecedentes de transtorno bipolar, depressão maníaca ou esquizofrenia.

Se a mulher apresentar intensa depressão durante a gravidez ou a amamentação, terá que optar entre tomar ou não medicamentos antidepressivos – e isso pode ser um dilema, pois, nesses casos, até certo ponto, o bebê estará exposto ao medicamento. O uso de antipsicóticos em geral e antidepressivos é relativamente seguro durante a gravidez e a amamentação. Informações sobre a segurança dos medicamente provêm principalmente de bases de dados e estudos duplo-cegos controlados por placebo; portanto, são limitadas. Para entender melhor os riscos do uso de medicamentos durante a gravidez, visite: *www.motherisk.org* [site em inglês].

O uso das ISRSs (inibidores seletivos da recaptação de serotonina) está associado a um risco ligeiramente maior de problemas cardíacos e hipertensão pulmonar no feto. Todos os antidepressivos e antipsicóticos estão associados a um maior risco de prematuridade leve (média de 39 semanas em comparação a 40 semanas) e sintomas de abstinência no recém-nascido (distúrbios do sono e irritabilidade).

Há riscos para a mãe e para a criança se a depressão não for tratada de forma eficaz; por isso, todos os prós e contras devem ser considerados pela mãe e seu companheiro. A falta de tratamento da depressão perinatal está associada ao parto prematuro, baixo peso ao nascer, desnutrição, ausência de elos com o bebê, e leve risco de infanticídio e suicídio da mãe.

Relato de caso

Jenny vinha tentando engravidar do primeiro filho há seis meses e estava usando um creme de progesterona natural para aumentar a fertilidade, reduzir as cólicas e regularizar o ciclo menstrual. A progesterona funcionou bem, e, passados três meses, Jenny engravidou. Infelizmente, sofreu um abortamento espontâneo com 12 semanas de gravidez, mas restos ovulares que permaneceram no útero infeccionaram, e ela precisou tomar antibióticos muito fortes. Jenny teve uma reação alérgica aos antibióticos e, oito semanas após o aborto, começou a apresentar problemas emocionais. Ela havia suspendido o uso do creme de progesterona quando abortou.

Jenny foi ao meu consultório 12 semanas após o ocorrido. Estava muito ansiosa, hipocondríaca, indecisa, deprimida, cansada e se considerando muito azarada por ter sofrido um abortamento espontâneo. Expliquei-lhe que aproximadamente 25% das gestações terminam em abortamento espontâneo, que o abortamento é um evento relativamente normal e que suas chances futuras de uma gravidez bem-sucedida eram muito boas. Apesar das minhas garantias e das sessões de aconselhamento, ela continuava deprimida, ansiosa e não estava cooperando.

Decidimos que o uso de antidepressivos durante um curto período poderia ser necessário, mas ela me perguntou se poderíamos tentar a progesterona natural primeiro. Eu disse que sim, pois é um tratamento muito seguro e deveria ajudá-la a conceber quando estivesse pronta novamente.

Dois meses depois, Jenny voltou à minha clínica e com um comportamento completamente diferente. Não estava mais deprimida, confusa ou ansiosa e não precisava de terapia. Passou a meia hora seguinte narrando os milagres operados pela progesterona natural! No caso dela, escolha de não tomar os antidepressivos tinha dado certo. Mais uma vez, como muitas vezes antes, ali estava uma jovem que comprovou o poder calmante e restaurador da progesterona natural.

Testosterona, o hormônio da confiança

A testosterona é um hormônio masculino produzido em grandes quantidades pelos testículos e em quantidades menores nos ovários femininos. A deficiência de testosterona tem maior probabilidade de provocar depressão ou ansiedade em homens, especialmente quando chegam à meia-idade ou depois. Homens que estão acima do peso ou são diabéticos são mais propensos a apresentar deficiência de testosterona. O uso da maconha, especialmente quando crônico, reduz a quantidade de testosterona no sangue.

Existem receptores no cérebro para a testosterona que, quando ocupados, fazem a pessoa sentir-se mais assertiva, agressiva, confiante, ativa e *sexy*.

É preciso realizar exames de sangue para determinar se existe deficiência de testosterona; as quantidades normais variam entre mulheres e homens. Os exames de sangue são altamente precisos, muito mais baratos e mais confiáveis do que testes hormonais salivares.

É importante dosar os níveis de testosterona total e de testosterona livre no sangue, porque é a testosterona livre que age no cérebro.

O médico pode prescrever testosterona natural na forma de gel ou creme, e as doses variam dependendo dos seus níveis de testosterona no sangue. A testosterona na forma oral ou injetável é tão segura e eficaz quanto na forma de creme ou gel.

Em geral, os médicos estão cientes dos efeitos benéficos que a terapia com testosterona pode ter nas pessoas com baixos níveis de testosterona no sangue e que sofrem de depressão, fadiga, ansiedade, isolamento, perda de confiança ou perda de libido.

DHEA, o hormônio da complacência e da resistência

O hormônio DHEA (dehidroepiandrosterona) é produzido na glândula suprarrenal; à medida que envelhecemos, aos poucos passamos a produzir menos e menos DHEA. Quando a depressão e/ou ansiedade é associada à fadiga crônica, especialmente na parte da manhã, é importante fazer um exame de sangue para verificar os níveis de DHEA. Sabemos que, em pessoas com mais de 60 anos, os níveis de DHEA podem ser baixos, mas ainda dentro da faixa normal para a faixa etária. Algumas pessoas que sofrem de depressão e fadiga crônica acreditam que os suplementos do hormônio DHEA realmente as ajudam muito, especialmente no que diz respeito a aumentar os níveis de energia e a melhorar a estabilidade emocional. Talvez porque o DHEA exerça um leve efeito semelhante ao da testosterona e dos esteroides.

O DHEA pode ser igualmente eficaz para homens e mulheres com fadiga crônica associada à depressão e à ansiedade.

Em pessoas expostas a situações de estresse intenso ou prolongado, os suplementos de DHEA podem ajudar muito a superar os sintomas de exaustão da glândula suprarrenal.

O DHEA pode ser administrado sob a forma de creme, cápsulas ou comprimidos; as doses variam de 10 mg a 50 mg por dia. Não existem efeitos colaterais conhecidos do DHEA, embora em algumas pessoas altas doses possam apresentar ganho de peso e acne. Comece sempre com uma dose mais baixa e veja se funciona. Se necessário, a dose pode ser aumentada.

Nem todos os médicos estão cientes dos benefícios do DHEA em doenças de fundo emocional e/ou fadiga crônica, mas, se houver uma farmácia de manipulação no seu bairro, peça uma indicação de um médico que prescreva o hormônio (não é comercializado no Brasil).

Versões homeopáticas de DHEA ou de outros hormônios geralmente não são eficazes. Para obter doses efetivas de hormônios naturais, é necessário ter receita médica.

Depoimento

Fiquei muito mal no final de 2007, após uma histerectomia total e uma cirurgia de grande porte para retirar um tumor uterino de 20 cm. Disseram que a cirurgia foi um sucesso, mas, passados doze meses, eu não me sentia muito melhor. Os calores e longos suores noturnos que começaram imediatamente após a cirurgia não desapareceram.

A terapia hormonal não estava ajudando – só me deu dor de cabeça. Eu tinha uma fadiga crônica que me fazia sentir como se estivesse eternamente gripada e dormia a maior parte do dia. Em casa, os pratos se empilhavam na pia. Eu não conseguia cuidar adequadamente de meus filhos – comiam sanduíche no jantar quase todo dia ou o que quer que encontrassem nos armários.

Meu intestino parecia corroer-se por razões desconhecidas, e isso me deixava muito enjoada. Tomava carvão ativado para melhorar a náusea matinal e passava o dia com dor e com um tipo estranho de desconforto físico que era insuportável.

Eu estava muito doente para trabalhar e estava gastando US$100 por semana em suplementos, mas não fazia progresso algum. Fiquei particularmente triste porque provavelmente teria de abrir mão da faculdade de Direito. Sendo mãe solteira, dependente da assistência social, eu me esforçara muito para chegar lá. Só estava conseguindo seguir em frente com o auxílio de estimulantes. Eu havia desenvolvido transtorno do déficit de atenção com hiperatividade e, sem os estimulantes, não conseguia me concentrar e ia dormir. O uso constante de estimulantes foi me deixando doente, mas eu não conhecia outra solução. Os médicos não conseguiam me oferecer nada, exceto exames de sangue que voltavam todos normais.

Em desespero, comecei a comprar os livros de autoajuda da dra. Sandra Cabot. Na verdade, comprei todos os livros de autoajuda em todas as livrarias de Adelaide. Entre outras coisas, aprendi no livro da dra. Cabot que a disfunção hepática estava associada a diversos e significativos problemas de saúde, e a disfunção não necessariamente aparece em testes de diagnóstico convencionais.

No livro da dra. Cabot intitulado *The Liver Cleansing Diet*, havia um programa de oito semanas que era simples e barato, usando alimentos integrais. Era um programa financeiramente viável. Para mim, era a única perspectiva de recuperação. O programa exigia que se seguisse um plano alimentar simples, usando as receitas fornecidas. Havia muitas opções. A pior parte do programa envolvia tentar tomar oito copos de água por dia, principalmente com limão.

Em 2008, antes de começar a dieta, recebi um pagamento de $2000 como parte da política de estímulo econômico do governo. Resolvi estimular a economia e voar até Sydney para uma consulta com a dra. Cabot em pessoa. Eu me sentia suficientemente doente e disfuncional para procurar ajuda. Não sabia o que ela poderia fazer por mim, mas estava desesperada.

Fiquei chocada quando a dra. Cabot me informou que eu tinha depressão – ou pelo menos teria ficado chocada se tivesse energia para tanto. Não sei se realmente acreditei nela. Ela também diagnosticou alguns desequilíbrios hormonais que outros médicos não detectaram nos resultados dos exames. Receitou-me DHEA, que regula uma série de hormônios, além de seu preparado para tireoide. Havia também instruções para o preparo de sucos frescos e enzimas digestivas, pois minha digestão estava péssima.

De volta a Adelaide, tomei os hormônios. E, em uma semana, minha dor tinha sido reduzida à metade, e as ondas de calor e suores noturnos haviam praticamente desaparecido. Procurei informações sobre o antidepressivo que a dra. Cabot me receitou. Chamava-se Parnate e era descrito como uma preparação muito forte dada para casos muito graves de depressão, podendo proporcionar alívio dentro de 48 horas. Mais uma vez, fiquei atordoada. Um pouco apreensiva, peguei o comprimido e tomei.

Comecei a sentir os efeitos em poucas horas. Ao final da primeira semana, eu estava praticamente sem dor, e o desagradável desconforto físico desaparecera. Não consigo descrever a sensação de alívio. Era algo semelhante a estar em trabalho de parto e o bebê ter finalmente nascido. Passei a me sentir confortável fisicamente, e isso mudou toda a minha vida.

Em seguida, a dra. Cabot me enviou um *e-mail* escrito em letras maiúsculas lembrando-me de que eu tinha que tratar o fígado. Eu estava me sentindo fisicamente bem, mais funcional, e agora tinha energia suficiente para começar a dieta de limpeza do fígado. Sua fórmula homeopática acabou com a minha vontade de comer *junkfood* (besteira) e descobri que vitaminas preparadas com a proteína em pó Syndrome X (marca própria) e framboesa congelada ficam deliciosas. Um sanduíche de pasta de grão-de-bico com *tahine*, tomate e pepino no pão sírio era uma delícia. Até hoje, não aprendi a preparar arroz integral.

Três dias depois de iniciar a dieta, percebi que não acordava mais com náuseas pela manhã. Não tinha que eliminar as toxinas que haviam sido ingeridas na refeição anterior. Isso gerou uma economia de US$13 por semana de gastos com carvão ativado. Então percebi que não tenho que usar uma medicação o intestino. Meu intestino voltou ao normal. Isso gerou uma economia de mais US$40 por semana.

A confusão mental começou a desaparecer, e recebi minha primeira nota máxima em um trabalho da faculdade e consegui completar um relatório de pesquisa de três mil palavras duas semanas depois. Eu não preciso mais dormir durante o dia. Consigo cuidar da casa, e meus filhos hoje fazem refeições adequadas à mesa – composta dos mesmos alimentos que consumo na dieta de limpeza do fígado. No entanto, muitos ainda não conseguem apreciar os esforços da dra. Cabot – continuam preferindo um *Big Mac* e *sundae* de chocolate no jantar.

Valerie Hayes, Adelaide, Sul da Austrália

Exaustão da glândula suprarrenal

A glândula suprarrenal costuma ser considerada a "glândula da sobrevivência" porque fabrica poderosos hormônios energizantes e substâncias químicas mensageiras, como adrenalina, cortisol, DHEA e outros hormônios esteroides.

Em pessoas sob estresse físico e/ou mental prolongado, a glândula suprarrenal pode sofrer exaustão, provocando fadiga crônica e debilitante. A condição da exaustão da glândula suprarrenal pode resultar em um colapso nervoso, do qual a pessoa é incapaz de viver. Outros sintomas de exaustão da glândula suprarrenal são pressão baixa, tonturas, desmaios, inflamação excessiva e incapacidade de lidar com níveis normais de estresse.

Exaustão da suprarrenal não é a mesma coisa que insuficiência da suprarrenal (conhecida como doença de Addison). Na exaustão da suprarrenal, os resultados dos exames de sangue da função da suprarrenal geralmente estão dentro da faixa de normalidade, embora muitas vezes os níveis sanguíneos de cortisol e DHEA estejam no limite inferior da normalidade. Já os resultados dos exames de sangue na doença de Addison mostram valores absolutamente anormais.

Seu médico pode aferir o funcionamento da suprarrenal, dosando os níveis sanguíneos de cortisol na parte da manhã e no final da tarde, fazendo uma coleta de urina de 24 horas para medir a quantidade de cortisol excretado na urina durante esse período, e os níveis de DHEA no sangue.

Trato os casos de exaustão da suprarrenal com suplementos de óleo de peixe, vitamina C, selênio e magnésio. Muitas vezes, é altamente benéfico incluir suplementos de DHEA. As doses de DHEA variam de 20 mg a 50 mg por dia, dependendo do peso corporal, idade, sexo e gravidade da exaustão. A melhor forma de tomar DHEA é em cápsulas. É importante também descansar e relaxar mais nesses casos.

Climatério e depressão

Depois de muitos anos de medicina, descobri que, durante o climatério, as mulheres vivenciam emoções novas, estranhas e muitas vezes desagradáveis, tais como estas.

- Depressão.
- Ansiedade.
- Insônia, geralmente exacerbada pelas ondas de calor.
- Perda de confiança.
- Perda de libido.
- Perda de interesse.

Isso é muitas vezes provocado por estes fatores.

- O estresse de ter de cuidar de pais idosos e doentes.
- A síndrome do "ninho vazio" causada pela saída dos filhos de casa.
- A perda de hormônios sexuais – estrogênio, progesterona e testosterona.

O climatério é um momento em que o subconsciente torna-se mais ativo, e emoções fortes e primitivas podem avançar para o consciente. Por exemplo, você ter atingido uma fase de sua vida em que trabalhou arduamente durante anos, criou os filhos e cuidou dos outros. Começa a pensar nas coisas que você quer realizar em sua vida pessoal e profissional, mas frustra-se diante da falta de tempo ou de recursos e do fato de estar ficando mais velha.

O subconsciente abriga nossos desejos mais profundos de satisfação, questionando o sentido da vida, da liberdade e do prazer. O climatério pode ser uma época maravilhosa e potencialmente libertadora da vida, se nos sentirmos bem fisicamente e mentalmente; é uma excelente oportunidade para realizar novos planos e para desenvolver o alicerce para a meia idade e para a velhice.

Estimulo as mulheres na perimenopausa a realizarem novos cursos e a adquirirem novos *hobbies* para melhorar as capacidades intelectuais e para começar a dedicar tempo para a concretização dos seus sonhos e paixões. Os exercícios físicos são ainda mais importantes à medida que envelhecemos e proporcionam muitas vantagens, inclusive o aumento dos níveis de energia, alívio da depressão e fadiga, melhora da saúde cardiovascular e menor risco de osteoporose.

Algumas mulheres acreditam que a reposição hormonal natural com hormônios bioidênticos sob a forma de cremes pode aliviar seus sintomas e melhorar sua vida sexual, bem como seu relacionamento físico.

Exames de sangue e dosagem hormonal

- Níveis de FSH e estrogênio.
- Níveis de testosterona livre.
- Níveis de DHEA.
- Hormônios da tireoide.

Mantenha-se física e mentalmente forte, assim você poderá desfrutar do climatério como uma nova fase da vida. Uma das minhas pacientes me disse que estava ansiosa com relação ao climatério porque a mãe ficara muito deprimida logo após a menopausa e teve de ser internada várias vezes em instituições psiquiátricas, chegando a ser submetida à terapia de choques. Garanti-lhe que nos dias de hoje os tratamentos disponíveis, incluindo terapias hormonais naturais e medicamentos antidepressivos, seriam capazes de salvá-la de uma experiência tão traumática. Durante a década de 1970, não tínhamos a terapia com hormônios naturais nem antidepressivos realmente eficazes, por isso sua pobre mãe havia sofrido tanto.

Tenho outra paciente, de 68 anos, que ainda toma comprimidos de testosterona natural e DHEA porque esses hormônios lhe proporcionam energia mental e física. Ela acredita que precisa desses hormônios para manter o interesse pela vida, em especial pela jardinagem, uma de suas paixões. Acredita que, sem testosterona, perde o interesse por tudo. Ela não precisa de estrogênio nem de progesterona, pois não é sexualmente ativa. Somos todos muito diferentes, e é por isso que é importante individualizar o tratamento para mulheres na perimenopausa e na pós-menopausa.

Hormônio da tireoide e depressão

A falta de hormônio da tireoide pode causar depressão e problemas de memória. Em pacientes deprimidos que também se queixam de fadiga, problemas de memória, colesterol elevado e dificuldade de emagrecer é vital fazer um exame de sangue para verificar o funcionamento da glândula tireoide. A hipofunção da glândula tireoide é muito comum, mas o tratamento muitas vezes é tardio, o que é uma pena, pois, se otimizarmos a função da tireoide, podemos obter uma melhora notável na cognição, humor e níveis de energia. Se os exames de sangue revelarem uma tireoide pouco ativa, é fácil aliviar os sintomas com o uso de hormônios tireoidianos. Alguns pacientes reagem melhor tomando os dois tipos de hormônio da tireoide (levotiroxina sódica e liotironina sódica).

Quando a pessoa apresenta baixos níveis dos minerais selênio e iodo (e essas deficiências são muito comuns), a função da tireoide e seu metabolismo ficam lentos, o que pode causar letargia, fadiga mental e mau humor.

Cápsulas naturais de hormônios tireoidianos foram desenvolvidas para fornecer quantidades adequadas de iodo, selênio e vitamina D para uma função normal da tireoide. Podem ser encontradas em lojas de alimentos naturais e/ou farmácias e não necessitam de receita médica (não disponíveis no Brasil).

A tireoide hiperativa pode provocar sintomas de ansiedade: tremores, batimentos cardíacos acelerados, palpitações, diarreia, perda de peso e agitação. Mais uma vez, é importante verificar o funcionamento da tireoide por meio de um exame de sangue simples.

Vitamina D, hormônio sob a forma de sol

Muitos pesquisadores veem a vitamina D como um hormônio, e não como uma simples vitamina. Concordo, pois a vitamina D exerce ações semelhantes às dos hormônios no cérebro e no esqueleto. A vitamina D é sintetizada a partir do colesterol presente na pele. Quando a radiação solar ultravioleta B (UVB) penetra na pele exposta, o colesterol é transformado em vitamina D. A vitamina D é necessária para a saúde do sistema nervoso e do sistema imunológico.

A falta de vitamina D durante os meses de inverno pode explicar o tipo de depressão que só afeta as pessoas durante as estações do ano em que o sol aparece menos – tipo de depressão conhecido como de "transtorno afetivo sazonal".

Em pessoas deprimidas que evitam o sol, é importante dosar os níveis de vitamina D no sangue; se forem encontrados em baixa concentração, isso poderia estar exacerbando a depressão, a fadiga e as dores (fibromialgia).

É de se imaginar que, em geral, as pessoas que vivem em climas ensolarados produzem vitamina D em excesso, mas descobri que mais de 50% dos meus pacientes na Austrália têm níveis baixos ou abaixo do ideal de vitamina D no sangue. Isso ocorre porque as pessoas trabalham em ambientes fechados durante longas horas e, quando estão na rua, cobrem-se de protetor solar, que bloqueia a produção de vitamina D na pele. Assim, se você está deprimido e com pouca concentração de vitamina D, experimente relaxar sob o sol. Dr. Craig

Hassed, conferencista do departamento de Clínica Geral da Monash University, recomenda de 10 a 15 minutos de sol por dia se a maior parte de sua pele estiver exposta e se o índice UV for 7. Se o índice UV for 3, e você estiver usando mais roupa, terá que ficar 25 minutos sob o sol. Se for uma pessoa mais velha ou de pele escura, também vai precisar de mais tempo ao sol. Evite o sol do meio-dia no meio do verão para evitar queimaduras solares. É melhor expor mais a pele ao sol e tomar um suplemento de vitamina D se seus níveis estiverem baixos. Você vai ver que sua saúde mental vai melhorar.

Capítulo 9

Um plano para se sentir o melhor possível

Terapia cognitivo-comportamental

Aprender a pensar e a se comportar de maneira produtiva exige tempo, prática e disciplina. O pensamento negativo cria emoções negativas; portanto, se aprendermos a neutralizar os pensamentos negativos com pensamentos racionais e/ou positivos, podemos evitar as emoções tristes e a ansiedade.

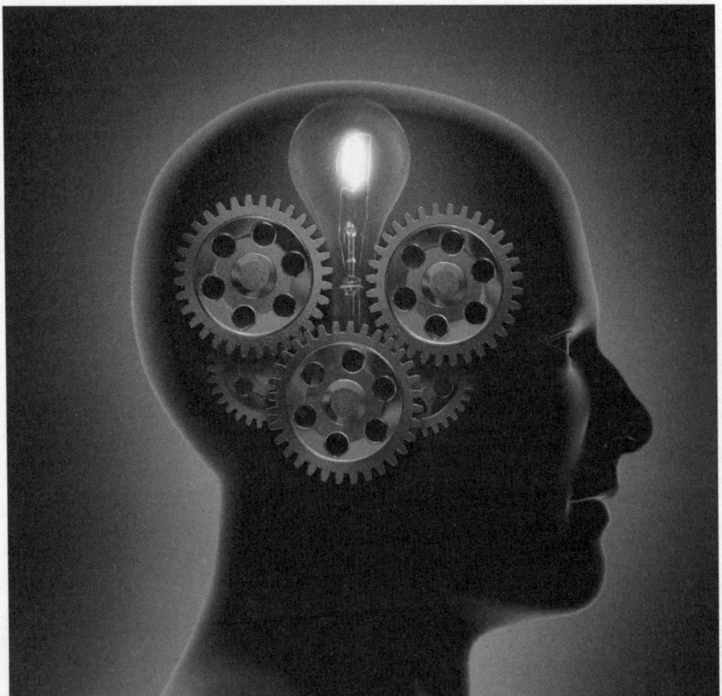

Podemos aprender a questionar nossos pensamentos negativos.

- "Não vou gostar disso" pode ser rebatido com "Como sabe, você é adivinho? Nunca vai saber se não experimentar".
- "Não consigo me livrar dessa situação" pode ser rebatido com "Levei em conta todas as minhas opções?"
- "Fiz uma confusão" pode ser rebatido com "Não sou perfeito, mas estou disposto a tentar novamente".
- "Estou muito cansado para ir à ginástica" pode ser rebatido com "Se eu tentar me exercitar um pouco, vou ter mais energia".
- "Estou triste demais para fazer qualquer coisa" pode ser rebatido com "Vou começar a fazer algo fácil para não pensar demais".
- "Tenho o direito de ser negativo e ter raiva" pode ser rebatido com "Minha atitude mudará, e serei grato pelas boas coisas que me acontecem".
- "Vou fracassar, pois isso não depende de mim" pode ser rebatido com "Vou relaxar e depois pensar no assunto passo a passo".
- "Todos sempre tentam me destruir" pode ser rebatido com "Meus detratores devem estar muito chateados para precisar falar de mim".
- Minha mãe sempre cita Oscar Wilde, que dizia "Há apenas uma coisa pior do que ser motivo de comentários: não ser motivo de comentários".
- "Estou tão pobre, perdi todos meus bens" pode ser rebatido com "Minha saúde é a coisa importante para mim, junto com meus amigos verdadeiros; além disso, posso apreciar os simples prazeres da vida".
- "As coisas que planejo nunca funcionam, sou um fracasso" pode ser rebatido com "Talvez o destino me reserve algo maior, que me trará mais felicidade".

A terapia cognitivo-comportamental pode ser realizada por um profissional especializado nessa área.

Relato de caso

Mary descobriu que sofria de ansiedade e doença de pânico, cujos sintomas começaram quando tinha 20 e poucos anos. Na infância, sempre se sentira emocionalmente insegura.

Mary descobriu que uma dose baixa do medicamento Aropax, um inibidor seletivo da recaptação da serotonina (ISRS), a ajudava a lidar com o problema porque reduzia a ansiedade e os pesadelos, além de torná-la mais confiante. No entanto, disse-me que foi o pensamento positivo e uma atitude positiva que a ajudaram a crescer na vida e a manter um emprego de meio expediente. Mary também era muito espiritualizada e contava com uma rede de apoio na igreja da cidade.

Mary tinha desenvolvido estratégias comportamentais bem-sucedidas e padrões de pensamento positivo que usava repetidamente na vida. Disse-me que entre eles estavam estes.

- Conversar com amigos próximos e familiares.
- Frequentar a igreja regularmente.
- Colocar um sorriso no rosto, mesmo se sentindo desanimada e mal-humorada.
- Vestir-se com roupas coloridas e enfeitar-se.
- Fazer aulas de dança e frequentar concertos de música.
- Rejeitar os pensamentos negativos, pois sabia que pensamentos negativos produziam sentimentos negativos.
- Dizer a si mesma que sua mente pregava peças e o que sua mente lhe dizia quase sempre estava errado e não existia.
- Escrever coisas positivas e inspiradoras em seu diário.
- Pensar nas pessoas que passavam necessidade e ajudá-las – chamava isso de "colocar-se no lugar dos outros".
- Perdoar-se e dizer a si mesma que estava livre do medo.

Mary descobriu que, depois de uma crise de pânico, costumava ter sensações residuais ruins e estranhas no corpo por alguns dias, como uma sensação de vazio, sensações perturbadoras, despersonalização e sensações de perda do controle. Assim, educou-se para reagir fisicamente para se livrar dessas sensações, e isso funcionava. Além disso, ela também lia as lindas palavras do Salmo 23.

Mary me disse que jamais desejou voltar ao estado de ansiedade e pânico do passado e é por isso que desenvolvera estratégias para lidar com o problema, durante um longo período de experimentação, para descobrir quais delas funcionavam. Ela dizia: "Isso funciona e agora tenho poder sobre minha mente!"

Você está em busca de calma, clareza de espírito e alegria?

Bom, é claro que todos nós estamos em busca de calma e alegria. Eu sei que estou.

Faça-se algumas perguntas.

- Você já quis poder silenciar sua mente e interromper os pensamentos que o preocupam, deprimem ou distraem?
- Já se sentiu vazio e infeliz e imaginou como voltar a ter alegria na vida?
- Já se sentiu como uma folha levada pelo vento e pensou no que fazer para encontrar sua âncora?
- Já se sentiu como se tivesse perdido sua vontade pessoal e ansiou para descobrir um poder ou força internos?
- Você passa tempo demais pensando no passado e no futuro de maneira negativa?
- Acha difícil deixar de lado o passado e viver o momento presente como fazia quando era criança?

Há técnicas que podem ajudá-lo a controlar melhor sua energia, seus pensamentos e, portanto, suas emoções.

Os grandes santos e iogues da história realizaram essa busca e desenvolveram técnicas, como ioga, silêncio, mantras, preces, renúncia ao mundo e inúmeros outros métodos para testar e acalmar a mente. Isso pode parecer muito difícil e talvez não seja muito tentador! Posso imaginar que até os maiores iogues sentados no alto de uma montanha, bem longe dos conflitos do mundo, ainda têm dias difíceis quando chove, os mosquitos os mordem, e o tédio se instala.

Recentemente, recebi pelo correio um folheto me convidando para uma conferência denominada "A felicidade e suas causas" (devo admitir: é um ótimo título!). Os palestrantes eram internacionalmente famosos e, entre eles, estavam psicólogos, psiquiatras, pensadores criativos, especialistas motivacionais, especialistas em relacionamento, filantropos e teólogos, ministros de várias fés, sociólogos, especialistas em negócios, especialistas em comportamento humano, nutricionistas, jornalistas, filósofos, professores universitários, terapeutas do riso, futurólogos e professores de meditação. Essa conferência fez um sucesso enorme durante um período de três anos e é a maior conferência do tipo no mundo. Tenho certeza de que seria fascinante e cheia de novas e inspiradoras ideias. No entanto, não é acessível para qualquer um, pois é muito cara e exige uma viagem a Sydney. Seria maravilhoso vê-la gravada e colocada no *www.youtube.com* para que todos a apreciassem, mas isso não acontece!

Descobri que, quando se reúne um grupo de especialistas (e nessa conferência haveria mais de 50 especialistas), a confusão muitas vezes se instala. Isso porque, se você fizer uma pergunta a dez especialistas diferentes, eles costumam lhe dar dez perspectivas diferentes. Você pode sair da tal conferência com tantas ideias e conceitos que se sentirá sobrecarregado.

À medida que envelhecemos, todos nós desenvolvemos uma perspectiva de vida e ideias próprias, e é isso que torna as pessoas tão interessantes. A única coisa que parece ser universal entre os seres humanos é que eles estão em busca da felicidade – como vimos pelo sucesso dessa conferência sobre a felicidade.

Na verdade, a felicidade é um estado de espírito – é uma experiência, e não uma ideia ou conceito. Descobri que as pessoas, inclusive eu mesma, buscam um estado de espírito alegre, leve e autossuficiente. Às vezes, desejo tanto isso quanto desejo um prato de comida quando estou com muita fome ou água quando estou com sede. A alegria parece ser uma necessidade humana básica; mesmo assim, muitos de nós consideramos difícil interromper os pensamentos e sentimentos que se interpõem em nosso caminho. Os pensamentos e emoções negativas são muito poderosos e nos impedem de viver no momento presente – roubam boa parte do nosso tempo, tão precioso.

Há técnicas que podemos aprender e praticar para concentrar nossa percepção na poderosa e pacífica energia que existe dentro de nós e que sustenta nossa existência. Essas técnicas focalizam a mente nessa linda energia, e, pouco a pouco, os pensamentos que nos preocupam diminuem e desaparecem. Gosto de aplicar essas técnicas porque elas me proporcionam mais controle sobre meus pensamentos e emoções e desfruto da experiência de uma energia poderosa e calma dentro de mim. Também descubro que ser capaz de entrar em sintonia com minha energia interior faz com que eu sinta mais confiança em mim mesmo.

Para obter mais informações sobre essas técnicas, consulte o site *www.wordsofpeace.org* (em inglês).

"O que está por trás de nós e o que acontece antes de nós são questões pequenas quando comparadas ao que está dentro de nós."

(Ralph Waldo Emerson.)

Crie o seu plano pessoal

Para quem está tendo dificuldades para lidar com uma doença emocional, é importante desenvolver um plano de ação e contar com a experiência e a ajuda de terceiros.

Eis um plano que pode usar como base para desenvolver o seu plano pessoal.

1. Procure ajuda logo, se não estiver emocional ou mentalmente bem.
2. Evite tomar bebidas alcoólicas ou se automedicar com drogas recreativas ou medicamentos vendidos sem receita médica.
3. Encontre um bom médico e/ou um psicólogo em sua cidade com quem você se dê bem e com quem se sinta à vontade e consulte-os regularmente. Talvez precise de vários profissionais de saúde; seu médico pode orientá-lo na elaboração de um curso de ação adequado. Se precisar de cuidados em tempo integral ou sofrer de depressão pós-parto, você e sua família precisarão de ajuda de um assistente social.
4. Siga um plano simples, pois o excesso de ideias ou opções pode confundi-lo e/ou sobrecarregá-lo – encontre uma abordagem que funcione para você, capaz de segurar suas emoções.
5. Se estiver vivenciando uma situação extremamente estressante no trabalho ou em casa, talvez precise de uma mudança de ares, repouso em um hospital ou uma licença por motivo de saúde. Se sentir que precisa de mudança, aceite-a de bom grado.
6. Entenda que a doença de fundo emocional é temporária. Se seus antigos medos retornarem, lembre-se da minha analogia com a tempestade – não entre em pânico, relaxe e enfrente-a, pois do outro lado o céu estará ensolarado quando tudo terminar. Com a prática, você aperfeiçoará essa sua capacidade e se tornará uma pessoa mais confiante. A confiança que vem de dentro de você é real e duradoura.
7. Evite se esforçar tanto; se estiver cansado, descanse e aceite o cansaço, pois a recuperação pode levar vários meses.
8. Adie as decisões importantes até ter se recuperado da depressão, pois a confusão mental, a perda temporária de confiança e a sobrecarga poderão anuviar sua capacidade de julgamento;

espere até que seu eu antigo e mais forte volte para tomar decisões importantes que envolvam uma mudança na vida. Você pode se sentir fraco e extenuado agora, mas, assim que se recuperar, voltará a ser capaz de atingir seus objetivos.

9. Programe atividades que o mantenham ocupado e distraído. Não se deixe iludir pelos seus pensamentos! Lembre-se de que seu pior inimigo é sua cabeça. Se sua mente for invadida por pensamentos dolorosos e receosos, você precisa aprender a ignorá-los. Levante-se e vá praticar alguma atividade física, tomar um banho, preparar um prato saudável, ler um livro, ouvir uma música, assistir a uma comédia ou telefonar para seu melhor amigo – esse tipo de terapia ocupacional pode distraí-lo dos pensamentos e emoções negativos até que eles passem. Ocupações como *hobbies*, socialização, trabalho ou exercícios podem ser uma ótima muleta mental.
10. Não se esqueça de realizar um bom checape físico com seu médico ou com um especialista para afastar causas médicas de doenças de fundo emocional e de declínio cognitivo como estas.

- Deficiências nutricionais.
- Anemia.
- Toxicidade cerebral causada por metais pesados.
- Toxicidade cerebral causada por substâncias químicas ambientais, como agentes de limpeza, produtos químicos industriais, inseticidas, pesticidas etc.
- Distúrbios da tireoide.
- Deficiências de hormônios como progesterona, testosterona ou DHEA.
- Problemas nos níveis de glicose sanguíneo ou diabetes não diagnosticado.
- Hipertensão arterial.
- Doenças autoimunes que podem afetar o cérebro, como lúpus ou esclerose múltipla.

- Tumores cerebrais, demência ou doença de Parkinson.
- Infecções no cérebro por vírus ou bactérias.
- Se sofrer de dores de cabeça incontroláveis, peça a seu médico para encaminhá-lo a um neurologista.

11. Se tiver uma leve depressão, tente usar antidepressivos naturais (consulte o capítulo 5); no entanto, antes de fazê-lo, discuta essa opção com seu médico ou naturopata. Os antidepressivos naturais têm um efeito mais sutil no alívio de distúrbios emocionais e podem levar de dois a quatro meses para proporcionar melhora.
12. Confie em seu médico. Se precisar tomar antidepressivos, seu médico é a pessoa mais indicada para reconhecer isso. O mais importante é melhorar e não se preocupar com o caminho a ser seguido para melhorar.
13. Tenha paciência, pois alguns antidepressivos levam até seis semanas para fazer efeito, e é preciso tomar regularmente a medicação. Não há muito que você possa fazer até que sua química cerebral volte a se equilibrar!
14. Tenha uma atitude positiva. Entenda que a depressão e ansiedade são causadas por um desequilíbrio químico, que pode melhorar bastante e que muitas vezes, podem ser superadas, independente de sua gravidade.
15. Seja sábio – entenda que a felicidade está dentro de você e não desista da busca, pois ela está mais perto do que você imagina. Lembre-se de que as outras pessoas não podem fazê-lo feliz, portanto tente deixar de lado essa expectativa. As pessoas que você ama e estão mais próximas também podem estar infelizes ou confusas, sem saber como controlar suas emoções ou comportamentos. Você não pode mudar os outros; só pode modificar seu comportamento. Minha avó sempre dizia que "os leopardos não mudam suas pintas". É mais inteligente que suas expectativas se apliquem apenas a si próprio; isso traz desprendimento e paz e pode até lhe proporciona uma sensação

de liberação. Os outros só podem lhe dar o que são capazes de dar, e isso muitas vezes é uma importante variável!

16. Não deixe que a culpa torne sua recuperação desagradável; você merece ter seu espaço e tempo para se recuperar. Permita-se o tempo necessário para dormir um pouco mais, relaxar, praticar exercícios, preparar refeições saudáveis e sucos naturais. Dê tempo ao tempo, pois o tempo, às vezes, é a melhor cura. Pare de se culpar, pois essa emoção suga a energia necessária a sua recuperação! Se você acredita ter se prejudicado ou prejudicado alguém, você pode sentir culpa em excesso, o que talvez impeça a sua recuperação. Aprenda a se livrar da culpa, pois ela reforça a depressão. É sempre possível corrigir suas próprias falhas quando seu estado emocional melhorar, então aja para deixar de lado a culpa. Dê a si mesmo outra chance!

Espero que este livro tenha permitido que você entendesse melhor sua mente e suas emoções e servido de inspiração e orientação. Há sempre esperança de encontrar a felicidade e o equilíbrio mental, e, embora a medicina moderna nem sempre consiga curar a doença mental e emocional, realizaram-se grandes avanços desde meados do século passado.

A medicina holística, uma abordagem cuidadosa que leva em conta a mente, o corpo e o espírito, é a melhor abordagem; felizmente, hoje não existem mais estigmas associados aos transtornos mentais e emocionais. É importante buscar ajuda desde cedo e procurar médicos, familiares e amigos. Há excelentes livros, organizações e recursos na internet para ajudar as pessoas que lidam com doenças de fundo emocional.

Glossário

Antidepressivo tricíclico

Classe de antidepressivo que permite maior disponibilidade de serotonina e noradrenalina aos neurônios.

Inibidor da MAO

Classe de antidepressivos que atua impedindo a decomposição dos neurotransmissores de monoamina, principalmente noradrenalina e dopamina.

Inibidores seletivos da recaptação de serotonina (ISRSs)

Classe de antidepressivos que proporciona maior disponibilidade de serotonina aos neurônios.

Lobos frontais

Parte do cérebro que governa nossa personalidade e nossas emoções. Os lobos frontais estão envolvidos nos processos decisórios, na função motora, na memória, na linguagem, no controle de impulsos e no comportamento social. Estão localizados na parte da frente do cérebro.

Massa cinzenta

Parte do sistema nervoso central composta pelo corpo celular dos neurônios. A matéria branca, por outro lado, consiste em fibras nervosas.

Matéria branca

Vide Massa cinzenta.

Melatonina

Hormônio produzido pela glândula pineal, glândula localizada no cérebro, que governa o ciclo de sono e vigília do cérebro. A melatonina pode ser receitada pelo médico para auxiliar o tratamento da insônia ou do *jet lag* (também chamado *fadiga de viagem*, é descompensação horária ocasionada pela diferença no fuso horário).

Neurônio

Célula nervosa.

Neurotransmissor

Substância química que permite a comunicação entre os neurônios.

Psicose

As pessoas com psicose não conseguem distinguir o real do imaginado. Elas têm alucinações, delírios e pensamento confuso. A psicose pode fazer parte da esquizofrenia ou manifestar-se como um único episódio pontual.

Sistema límbico

Consiste em diversos componentes do cérebro, inclusive o hipotálamo, o hipocampo, a amígdala e outros. É responsável pelo controle de nossa vida emocional e de nossas lembranças.

Sistema nervoso autônomo

Faz parte do sistema nervoso periférico e controla órgãos do organismo, como intestino, coração e estômago. Na maior parte dos casos, o sistema nervoso autônomo controla as funções orgânicas inconscientes.

Sistema nervoso central

Parte do sistema nervoso composta de cérebro e medula espinhal.

Transtorno obsessivo-compulsivo

Tipo de transtorno da ansiedade que envolve obsessão (pensamentos indesejados repetitivos que geram ansiedade) e compulsões (rituais repetitivos realizados na tentativa de aliviar a ansiedade).

CONHEÇA OUTRO LIVRO DA
DRA. SANDRA CABOT!

Alzheimer

Em ***Alzheimer – O Programa Inovador Para Prevenção e Tratamento***, a renomada ***Dra. Sandra Cabot*** apresenta seu *Programa de Quatros Pontos* desenvolvido com o intuito de prevenir e retardar o progresso dos danos cerebrais causados pelo Alzheimer e por outras demências degenerativas associadas.

Os problemas de memória e demais limitações trazidas pelo mal de Alzheimer prejudicam a capacidade do indivíduo de viver e agir de modo independente, colocando a si mesmo em perigo e afetando as pessoas ao seu redor. Os sintomas dessa doença mascaram a alma e o coração da pessoa, causando mudanças mentais, emocionais e comportamentais. É nesse momento que todo o estilo de viver do portador, familiares e cuidadores deve ser repensado.

Baseado em pesquisas e estudos desenvolvidos pela ***Dra. Cabot*** ao longo de sua carreira médica, o *Programa de Quatro Pontos* combina mudanças simples no estilo de vida com exercícios físicos e mentais, uma boa nutrição e suplementos, visando preparar o corpo e a mente do portador de Alzheimer para enfrentar os sintomas da doença e, até mesmo, ajudando a retardar o processo degenerativo do cérebro. A ***Dra. Cabot*** apresenta, ainda, receitas importantes para uma dieta adequada e fornece dicas úteis para os cuidadores quanto às questões de comunicação, hábitos e segurança pessoal.

Além do *Programa de Quatro Pontos,* neste livro você irá descobrir como o Alzheimer afeta o cérebro, os sinais de alerta e os sintomas em seus diferentes estágios.

É um guia essencial que oferece uma visão objetiva e esclarecedora sobre o mal de Alzheimer, auxiliando familiares e cuidadores à proporcionarem melhorias na qualidade de vida dos portadores e a agirem de maneira mais compreensiva e humana frente às limitações dessa doença.